新时代智库出版的领跑者

国家智库报告 2022（29）
National Think Tank

中国非洲研究院文库·智库系列

中非产能合作重点国别研究

中国与非洲的产能合作

姚桂梅 著

PRODUCTION CAPACITY COOPERATION
BETWEEN CHINA AND AFRICA

中国社会科学出版社

图书在版编目(CIP)数据

中国与非洲的产能合作/姚桂梅著. —北京：中国社会科学出版社，2022.6
（国家智库报告）
ISBN 978-7-5227-0936-9

Ⅰ.①中… Ⅱ.①姚… Ⅲ.①区域经济合作—国际合作—研究—中国、非洲 Ⅳ.①F125.4②F140.54

中国版本图书馆 CIP 数据核字（2022）第 193647 号

出 版 人	赵剑英
项目统筹	王 茵 喻 苗
责任编辑	黄 丹
责任校对	王佳玉
责任印制	李寡寡

出 版	中国社会科学出版社
社 址	北京鼓楼西大街甲158号
邮 编	100720
网 址	http://www.csspw.cn
发 行 部	010-84083685
门 市 部	010-84029450
经 销	新华书店及其他书店
印刷装订	北京君升印刷有限公司
版 次	2022年6月第1版
印 次	2022年6月第1次印刷
开 本	787×1092 1/16
印 张	9.5
字 数	95千字
定 价	56.00元

凡购买中国社会科学出版社图书，如有质量问题请与本社营销中心联系调换
电话：010-84083683
版权所有　侵权必究

《中国非洲研究院文库》
编委会名单

主　任　蔡　昉

编委会　（按姓氏笔画排序）

　　　　　王　凤　　王林聪　　王启龙　　王利民　　安春英
　　　　　邢广程　　毕健康　　朱伟东　　李安山　　李新烽
　　　　　杨宝荣　　吴传华　　余国庆　　张永宏　　张宇燕
　　　　　张忠祥　　张振克　　林毅夫　　罗建波　　周　弘
　　　　　赵剑英　　姚桂梅　　党争胜　　唐志超

充分发挥智库作用
助力中非友好合作

——《中国非洲研究院文库总序言》

当今世界正面临百年未有之大变局。世界多极化、经济全球化、社会信息化、文化多样化深入发展，和平、发展、合作、共赢成为人类社会共同的诉求，构建人类命运共同体成为各国人民共同愿望。与此同时，大国博弈加剧，地区冲突不断，恐怖主义难除，发展失衡严重，气候变化问题凸显，单边主义和贸易保护主义抬头，人类面临诸多共同挑战。中国是世界上最大的发展中国家，是人类和平与发展事业的建设者、贡献者和维护者。2017年10月中国共产党第十九次全国代表大会胜利召开，引领中国发展踏上新的伟大征程。在习近平新时代中国特色社会主义思想指引下，中国人民已经实现了第一个百年奋斗目标，正在意气风发向着全面建成社会主义现代化强国的第二个百年奋斗目标迈进，同时继续努力为人类作出新的更大贡献。

非洲是发展中国家最集中的大陆，是维护世界和平、促进全球发展的重要力量之一。近年来，非洲在自主可持续发展、联合自强道路上取得了可喜进展，从西方眼中"没有希望的大陆"变成了"充满希望的大陆"，成为"奔跑的雄狮"。非洲各国正在积极探索适合自身国情的发展道路，非洲人民正在为实现《2063年议程》与和平繁荣的"非洲梦"而努力奋斗。

中国与非洲传统友谊源远流长，中非历来是命运共同体。中国高度重视发展中非关系，2013年3月习近平担任国家主席后首次出访就选择了非洲；2018年7月习近平连任国家主席后首次出访仍然选择了非洲；6年间，习近平主席先后4次踏上非洲大陆，访问坦桑尼亚、南非、塞内加尔等8个国家，向世界表明中国对中非传统友谊倍加珍惜，对非洲和中非关系高度重视。在2018年中非合作论坛北京峰会上，习近平主席指出："中非早已结成休戚与共的命运共同体。我们愿同非洲人民心往一处想、劲往一处使，共筑更加紧密的中非命运共同体，为推动构建人类命运共同体树立典范。"2021年中非合作论坛第八届部长级会议上，习近平主席首次提出了"中非友好合作精神"，即"真诚友好、平等相待，互利共赢、共同发展，主持公道、捍卫正义，顺应时势、开放包容"。这是对中非友好合作丰富内涵的高度概括，是中非双方在争取民族独立和国家解放的历史进程中培育的宝贵财富，是中非双方在发展振兴和团结协作的伟大征程上形成的重要风范，体现了友好、平等、共赢、正义的鲜明特征，是新型国际关系的时代标杆。

随着中非合作蓬勃发展，国际社会对中非关系的关注度不断提高，出于对中国在非洲影响力不断上升的担忧，西方国家不时泛起一些肆意抹黑、诋毁中非关系的奇谈怪论，诸如"新殖民主义论""资源争夺论""中国债务陷阱论"等，给中非关系发展带来一定程度的干扰。在此背景下，学术界加强对非洲和中非关系的研究，及时推出相关研究成果，提升中非国际话语权，展示中非务实合作的丰硕成果，客观积极地反映中非关系良好发展，向世界发出中国声音，显得日益紧迫和重要。

以习近平新时代中国特色社会主义思想为指导，中国社会科学院努力建设马克思主义理论阵地，发挥为党和国家决策服务的思想库作用，努力为构建中国特色哲学社会科学学科体系、学术体系、话语体系作出新的更大贡献，不断增强我国哲学社会科学的国际影响力。中国社会科学院西亚非洲研究所是遵照毛泽东主席指示成立的区域性研究机构，长期致力于非洲问题和中非关系研究，基础研究和应用研究并重。

以中国社会科学院西亚非洲研究所为主体于2019年

4月成立的中国非洲研究院，是习近平主席在中非合作论坛北京峰会上宣布的加强中非人文交流行动的重要举措。自西亚非洲研究所及至中国非洲研究院成立以来，出版和发表了大量论文、专著和研究报告，为国家决策部门提供了大量咨询报告，在国内外的影响力不断扩大。按照习近平总书记致中国非洲研究院成立贺信精神，中国非洲研究院的宗旨是：汇聚中非学术智库资源，深化中非文明互鉴，加强治国理政和发展经验交流，为中非和中非同其他各方的合作集思广益、建言献策，为中非携手推进"一带一路"合作、共同建设面向未来的中非全面战略合作伙伴关系、构筑更加紧密的中非命运共同体提供智力支持和人才支撑。中国非洲研究院有四大功能：一是发挥交流平台作用，密切中非学术交往。办好"非洲讲坛""中国讲坛""大使讲坛"，创办"中非文明对话大会""非洲留学生论坛""中国非洲研究年会"，运行好"中非治国理政交流机制""中非可持续发展交流机制""中非共建'一带一路'交流机制"。二是发挥研究基地作用，聚焦共建"一带一路"。开展中非合作研究，对中非共同关注的重大问题和热点问题进行跟踪研究，定期发布研究课题及其成果。三是发挥人才高地作用，培养高端专业人才。开展学历学位教育，实施中非学者互访项目，扶持青年学者和培养高端专业人才。四是发挥传播窗口作用，讲好中非友好故事。办好中国非洲研究院微信公众号，办好中英文中国非洲研究院网站，创办多语种《中国非洲学刊》。

为贯彻落实习近平主席的贺信精神，更好汇聚中非学术智库资源，团结非洲学者，引领中国非洲研究队伍提高学术水平和创新能力，推动相关非洲学科融合发展，推出精品力作，同时重视加强学术道德建设，中国非洲研究院面向全国非洲研究学界，坚持立足中国，放眼世界，特设"中国非洲研究院文库"。"中国非洲研究院文库"坚持精品导向，由相关部门领导与专家学者组成的编辑委员会遴选非洲研究及中非关系研究的相关成果，并统一组织出版。文库下设五大系列丛书："学术著作"系列重在推动学科建设和学科发展，反映非洲发展问题、发展道路及中非合作等某一学科领域的系统性专题研究或国别研究成果；"学术译丛"系列主要把非洲学者以及其他地方学者有关非洲问题研究的学术著作翻译成中文出版，特别注重全面反映非洲本土学者的学术水平、学术观点和对自身发展问题的见识；"智库报告"系列以中非关系为研究主线，中非各领域合作、国别双边关系及中国与其他国际角色在非洲的互动关系为支撑，客观、准确、翔实地反映中非合作的现状，为新时代中非关系顺利发展提供对策建议；"研究论丛"系列基于国际格局新变化、中国特色社会主义进入新时代，集结中国专家学者研究非洲政治、经济、安全、社会发展等方面的重大问题和非洲国际关系的创新性学术论文，具有基础性、系统性和标志性研究成果的特点；"年鉴"系列是连续出版的资料性文献，分中英文两种版本，设有"重要文献""热点聚焦""专题特稿""研究综述""新书选介""学刊简介""学术机构""学术动态""数据统计""年度大事"等栏目，系统汇集每年度非洲研究的新观点、新动态、新成果。

期待中国的非洲研究和非洲的中国研究在中国非洲研究院成立新的历史起点上，凝聚国内研究力量，联合非洲各国专家学者，开拓进取，勇于创新，不断推进我国的非洲研究和非洲的中国研究以及中非关系研究，从而更好地服务于中非共建"一带一路"，助力新时代中非友好合作全面深入发展，推动构建更加紧密的中非命运共同体。

中国非洲研究院

前　言
充分发挥智库作用，助力中非产能合作

中非产能合作是中国"一带一路"建设的重要内容之一，反映了中国经济步入"新常态"后的一种新的综合性需求。非洲大陆作为中国"一带一路"建设的重要延伸地带，是中国对外经济交往中不可或缺的重要伙伴。中国与非洲国家开展产能合作，既可助力非洲实现工业化、城市化、一体化以及可持续发展，也是促进双方国际产能升级的重要途径，体现中非全面战略合作伙伴关系的重要举措，意义重大。

第一，中非产能合作的领域相当广泛，不仅涵盖传统的双边贸易、双向投资和对非承包工程以及对非援助，而且还涉及金融领域的合作以及区域经济一体化合作中的贸易投资自由化与便利化，因此是深耕厚植传统经贸合作领域和创新培育新的合作领域与新合作方式的重要途径。第二，加强产能合作是深化中非经贸合作关系的重要途径。通过产能合作可以引领中

非之间简单的贸易投资合作向产业合作方向深化发展，这不仅可以促进中非之间发展战略的对接，而且有助于形成中非产业价值链，推动中非经贸合作进入全新的阶段。第三，中非产能合作可以满足中非双方共同发展的需要，具有坚实的客观基础。一方面非洲国家具有推进工业化、城市化、一体化进程的现实需要；另一方面中国优势产能、强大建设能力的输出可以为非洲提供工业化、城市化、一体化建设所必需的资金和生产技术。因此，中非之间加强产能合作符合中非各自的比较优势和发展需要。第四，产能合作与"一带一路"倡议中的"贸易畅通""设施联通""资金融通"和"政策沟通"具有密切的联系。因此，在"一带一路"框架下加强中非产能合作，对于推进"一带一路"建设，拓展新时代中非各领域合作，构建更加紧密的中非命运共同体具有非常重要的意义。第五，加强中非产能合作符合中国的国际化发展战略。根据2015年出台的《国务院关于推进国际产能和装备制造合作的指导意见》，国际间的产能合作超越了以国际贸易、国际投资和国际技术流动等为代表的传统的、单一的国际分工模式，是一种跨越国家地理边界，包含产品分工合作、消费市场和生产要素市场的跨国合作模式。因此，加强中非产能合作是深化中非经贸合作的重要途径和战略发展方向。

在此背景下，如何加强中国与非洲的产能合作成为国内非洲学界普遍关注的问题。然而对于什么是产能合作，影响中非产能合作的主要因素是什么，如何确定中非产能合作重点领域，哪些国家是中非产能合作的重点国别等问题，并没有取得一致的看法和清晰的认识。而且中非产能合作是一个规模庞大的系统工程，而中国与非洲在国别层面进行的双边合作是保障重要举措的落地生根的基础性工程，但现有的研究成果难以满足中国政府职能部门及相关合作主体的实际需求。为此，2017年中国社会科学院西亚非洲研究所批准设立创新工程《中国与非洲产能合作重点国家研究》项目，一方面旨在清晰界定产能合作内涵的基础上，从理论和实证两个方面深入分析中非产能合作理论依据和现实基础，进一步甄别和判断中非产能合作的重点产业选择和区位选择；另一方面，旨在弥补国内非洲国别区域研究的弱项，力争从国别层面着手，对非洲重点国家产能合作的微观需求与潜力，中国与非洲重点国家进行产能合作的现状、特点与面临的问题，以及中非产能合作的国别模式进行基础性、针对性、理论性的综合研究，提出兼具战略性、前瞻性、可操作性的对策建议，力争从根源上保障中非产能合作永续发展的双赢目标。

经过5年的研究，创新项目组不仅从中国对非洲大陆的层面全面评估了中非产能合作的总况，更是针对非洲国家众多、资源禀赋和市场条件多样化的特点，甄选出南非、尼日利亚、肯尼亚、埃塞俄比亚、埃及5个国家，分别就中国与上述国家产能合作的情况进行了重点考察。研究推进体现在以下五个方面：其一，总报告在综合分析各种因素的基础上论证了中非产能合作的理论和现实基础（物质条件、载体条件、政策条件和金融条件），全面概述了2015年以来中非产能合作发展的阶段性进展，包括中非产能合作的产业分布和区域国家布局，评估了中非在基础设施、经贸合作区与制造业、能源矿业以及农业领域合作的成效，存在的困难与挑战，展望了后疫情时代中非产能合作的前景，并多视角地提出了针对性的对策建议。其二，5个国别报告分别对各自国家与中国进行产能合作的潜力与现实基础进行了的分析，评估出承接中国产能转移的能力和未来可重点发展的优势产业、行业，梳理了5个非洲国家在招商引资等方面的政策举措，包括劳资关系、移民政策、投融资与环保政策新动向；其三，概述了中国企业在当地进行产能合作（基础设施、经贸合作区等）的总体情况，重点考察了中国与上述非洲国家产能合作重大项目进展情况，特别是加强了对中非产能合作实施模式方面的研究，评估了社会经济效果、风险及挑战，其四，着眼于推动中非产能合作高质量发展，在规划设计、国内政策配套、基础设施建设、资金支持、人力资源培训、风险防控和安全保障等方面提出了针对性的对策建议。其五，针对国内中非产能合作研究中普遍存在偏重宏观层面、欠缺国别层面与微观层面的剖析这一问题，5个国别报告的完成将国内非洲区域国别问题研究推向深入。总之，项目系列成果的发表将为相关领域的学术研究奠定基础，为国家战略选择和政策制定提供理论依据，为中国企业向非洲投资和产业转移提供参考。

然而，由于研究力量有限，项目组成员学科背景、学术志趣、学术积淀以及跟踪研究时间长短不一，加之重视程度、治学态度、投入书稿的时间与精力不同，研究报告存在这样或那样的问题，错误与纰漏亦在所难免，希望出版后学界同仁和广大读者不吝赐教，以便研究团队在今后的研究工作中加以改进。

中国社会科学院西亚非洲研究所
创新项目《中国与非洲产能合作重点国家研究》
首席研究员：姚桂梅
2022年1月

摘要：中非产能合作是国际产能合作的重要组成部分之一。由于非洲与中国关系基础好，且对中国产能的需求较大、人口资源及低劳动力价格优势，以及承接中国产业转移的较高契合度，非洲成为中国国际产能合作的重要方向。2015年以来，在"一带一路"倡议、"中非合作论坛"行动计划引领下，中国率先在埃及、南非以及东部非洲的埃塞俄比亚、肯尼亚、坦桑尼亚等国打造产能合作的先行示范国，在基础设施、工业园、劳动密集型制造业、农业、能矿业等领域实施了大量的产能合作项目，推动了非洲工业化、城市化、互联互通的一体化以及绿色低碳可持续发展，为推动非洲社会经济的包容性发展做出了实实在在的贡献。然而，由于非洲自身发展不均衡、造血机能尚未形成，又遭遇新一轮债务危机，导致中非产能合作存在难以持续、不均衡、不对称、扎堆生产的四大问题。2020年暴发的新冠肺炎疫情蔓延叠加大变局下错综复杂的国际环境，中非产能合作更是面临不进则退的风险。新冠肺炎疫情加剧非洲经济发展的困境，并对中国在非企业造成负面影响，导致中国企业在非洲运营困难加大；美西方为遏制中国在非影响力，对中国在非活动实施反制和对冲措施，导致中非产能合作面临的国际竞争压力增大。

展望未来，新冠肺炎疫情并没有改变中非经济长期互补的基本面和中非深化互利合作的大趋势，美西方加剧在非洲与中国的竞争，也改变不了中国在工业制造及基础设施领域的独特优势，未来的中非经贸合作仍然是机遇大于挑战。尤其是在中非合作论坛第八届部长级会议行动计划以及《中非合作 2035 年愿景》引领下，中国与非洲将更加注重发展战略的对接，深耕厚植制造业、基础设施、能源矿业、农业等传统优势领域；并与时俱进地开辟数字经济、绿色低碳、卫生健康、职业教育等关系民生的新的合作增长点。为推动中非产能合作迈向提质增效的高水平，特此建议：应抓住非洲大陆自贸区启动所带来的新机遇，一方面要加大从非洲的非资源类产品进口的力度，另一方面应在非洲重点国家设立几个大型的区域性的工业园，以投资促贸易，协同构建"双循环"发展格局和推动非洲经济转型；为使中非产能合作稳步前行，应深化中非金融合作，创新投融资模式，充分发挥中非产业合作的撬动和催化作用；为规避日趋增多的合作风险，中国政府应敦促有关非洲国家改善投资环境，保持政策连续性的同时，加快与相关国家商签和实施双边投资保护协议和避免双重征税协议；中国方面应持续推动三方和多方合作，努力营造开放性多维度的对非合作方式，以此淡化大国在非竞争；伴随着越来越多的民营企业进入非洲，所有的中资企业都要加强合规管理体系建设，提升中企的合规竞争力，维护好中国及中国企业海外形象。

关键词： 中非产能合作　基础设施　投资合作　高质量发展　对策建议

Abstract: China-Africa production capacity cooperation is an important part of international production capacity cooperation. Africa has become an important direction of China's international production capacity cooperation because of its advantages of good relationship with China, natural resources, population, low labor price, and strong willingness to embrace China's industrial transfer. Supported by the Belt and Road Initiative (BRI) and the Forum on China-Africa Cooperation (FOCAC), China has set up production capacity cooperation pilot program in African countries of Egypt, South Africa, Ethiopia, Kenya and Tanzania since 2015, and implemented a large number of cooperation projects such as infrastructure, industrial parks, labor-intensive manufacturing, agriculture, energy mining and other fields, which has effectively promoted Africa's industrialization, urbanization, sub-regional integration, making positive contributions to the inclusive economic and social development of Africa. However, due to the unbalanced development and fragile internal impetus of Africa, together with a surging debt crisis, China-Africa production capacity cooperation is still besieged by four fundamental challenges of unsustainable, unbalanced, asymmetric and uneven development. With an increasingly complicated international environment caused by the global spread of COVID-19 pandemic since 2020, China-Africa cooperation was even frustrated by an imminent threat of development stagnation. The pandemic has further deteriorated the capability of African economic development, whose adverse influence was exerted over Chinese enterprises in Africa. Meanwhile, in order to deal with China's growing influence in Africa, the Western powers have taken different measures to curb on China's activities in Africa, which has given an increasing pressure on China-Africa production capacity cooperation.

Lookingahead, the pandemic has neither damaged the basic feature of reciprocity of China-Africa economic partnership, nor has changed the trend of sustainable development of relationship between both sides. Moreover, competition from the Western powers would not challenge China's obvious advantages in industrial development and infrastructural construction, which has guaranteed a promising future. Especially guided by the 8th Ministerial Conference of the Forum on China-Africa Cooperation (FOCAC) and China-Africa Cooperation Vision 2035, China and Africa will not only continue to inject new impetus to traditional fields such as manufacturing, infrastructure, energy mining and agriculture, but also focus on emerging fields of digital economy, low-carbon and green industries, health and vocational education through synergy of development strategies. In order to promote China-Africa production capacity cooperation to a high level of new quality and efficiency, it is suggested that China should take full advantages of Africa's endeavour on building the African Continental Free Trade Area (AfCFTA), and on the one hand increase the import of non resource products from Africa, and on the other hand set up several large regional industrial parks in key African countries to promote trade through investment, jointly putting forward Africa's economic transformation through building a new pattern of "dual circulation". The sustainable development also calls for strengthening China-Africa financial cooperation through a innovative mode of investment and financing, which would facilitate both sides' cooperation on production capacity. In order to avoid increasing cooperation risks, the Chinese government should urge relevant African countries to improve the investment environment, maintain policy continuity, and speed up the signing and implementation of bilateral investment protection agreements and Double Taxation Avoidance agreements with relevant countries. Additionally, China should also continue to promote trilateral and multi-party cooperation, and strive to create an open and multi-dimensional way of cooperation with Africa, so as to deal with the competition pressure brought by the Western powers. With more and more private enterprises entering Africa, all Chinese enterprises should pay more attention to the building of an intact management system of compliance, improving advantages of compliance of Chinese enterprises and safeguarding their image in oversea markets.

Key Words: China-Africa Production Capacity Cooperation; Infrastructure; Investment Cooperation; High Quality Development; Recommendations

目　　录

一　中非产能合作的时代背景及重大意义…………（1）
　　（一）国际产能合作提出及时代背景…………（1）
　　（二）重大意义…………………………………（3）

二　中非合作的理论、政策与现实基础…………（5）
　　（一）中非产能合作的理论依据………………（5）
　　（二）中非产能合作的政策指引………………（6）
　　（三）中非产能合作的现实基础………………（12）

三　中非产能合作的实践与效果评估……………（16）
　　（一）中非产能合作的总况分析………………（16）
　　（二）中非产能合作的国别布局………………（25）
　　（三）中非产能合作的行业分布………………（37）
　　（四）中非产能合作实施效果评估……………（73）

四　中非产能合作的新挑战与新机遇……………（82）
　　（一）新冠肺炎疫情严重冲击中非产能
　　　　　合作……………………………………（82）

（二）当前中非产能合作的难点与痛点 ……（89）

五 疫情后中非产能合作的前景及对策建议 ……（104）
　（一）中非产能合作的前景 ……（104）
　（二）推动中非产能合作高质量发展的对策建议 ……（111）

参考文献 ……（125）

一 中非产能合作的时代背景及重大意义

本报告中所涉及的国际产能合作均为广义范围界定的概念。国际产能合作主要是围绕生产能力新建、转移和提升的国际合作,以企业为主体、市场为导向,以制造业及相关基础设施、能源资源开发为主要领域,以直接投资、工程承包、装备贸易和技术合作为主要形式。

(一) 国际产能合作提出及时代背景

产能合作是中国国务院总理李克强在2013年10月访问泰国,与时任泰国总理英拉商谈"高铁换大米计划"时首次提出的。随后,在2015年出台的《国务院关于推进国际产能和装备制造合作的指导意见》(简称《指导意见》)[①]中对产能合作的概念以及合作

[①]《国务院关于推进国际产能和装备制造合作的指导意见》,中国政府网,http://www.gov.cn/zhengce/content/2015-05/16/content_9771.htm,登录时间:2016年3月19日。

的原则与重点进行了阐述。根据《指导意见》，中国与其他发展中国家之间的产能合作是以促进中国经济提质增效升级为核心，以企业为主体，以互利共赢为导向，以建设生产线、建设基础设施、开发资源能源为主要内容，通过直接投资、工程承包、技术合作、装备出口等多种形式，优化中国企业生产能力布局，提高合作伙伴国产业发展水平的对外经济活动。这种国际产能合作超越了以国际贸易、国际投资和国际技术流动等为代表的传统单一国际分工模式，是一种跨越国家地理边界，包含产品分工合作、消费市场和生产要素市场的跨国合作模式。

《指导意见》还对国际产能合作基本原则进行了阐述，即要坚持"企业主导、政府推动，突出重点、有序推进，注重实效、互利共赢，积极稳妥、防控风险"的原则。同时明确产能合作的产业重点，指出钢铁、有色、建材、铁路、电力、化工、轻纺、汽车、通信、工程机械、航空航天、船舶和海洋工程等产业为中国进行国际产能合作的重点行业。同时《指导意见》还提出要以境外产业集聚区为载体，聚焦产业、国家、项目、企业、省份五个重点，按照"企业主导、市场运作、政府推动、金融支持"的方式推进国际产能合作。在国家政策的指导下，国际产能合作逐步成为中国与共建"一带一路"合作国家，特别是发展中国家开展南南合作的一项重要内容。

国际产能合作的提出具有特定历史背景。一方面，中国工业增加值规模已经超过美国位居世界第一，但工业高质量发展水平有限，劳动力成本上升，装备制造业国际竞争力不强；另一方面，2013年以来，国内实施以"三去一降一补"为主线的供给侧结构性改革，坚决去除了一批低端产能，推进了国内产业的转型升级。

（二）重大意义

国际产能合作是近年来中国政府扩大对外投资与对外输出优势产能的一项重大倡议。倡议的提出是由中国所处的发展阶段及与之相关的经济、产业、技术、资本等内在条件共同决定的，具有客观规律性和历史必然性。它的提出和实施，对于促进中国国内经济增长和结构调整和转型升级、加强与不同发展阶段国家的发展战略对接和产业互补衔接、推进全球产业链融合发展、不断增强中国对共建"一带一路"合作国家和地区经济辐射能力和影响力、有效促进世界经济持续稳定复苏等都具有重要意义。

中非产能合作是共建"一带一路"的重要抓手、重要途径和重大举措。对中国来说，与非洲开展产能合作可以充分利用中国优质产能，为夕阳产业梯次转移开辟疆域，推动中国结构性供需失衡向高水平供需平衡跃升，有利于打造以中国为"领头羊"的全球或区域价值链，符合中国产业升级的需要，减少国际经贸关系中的不确定性。对非洲国家来说，中非产能合作也符合非洲国家工业化、城市化、一体化的迫切需求，有利于提升非洲自主发展能力，实现独立可持续发展，密切与中国的关系纽带。在推进产能合作的大背景下，投资的引领作用将进一步得到发挥，有利于中非经贸合作转型升级，多层次、多渠道推动非洲工业化、城市化、一体化的发展。

以产能合作为主导的中非经贸合作瞄定将中国的技术、管理和资金优势向非洲倾斜，与非洲国家的原材料和人力优势结合，把制造业留在非洲，实现原材料和半成品的就地加工，推动非洲本土工业化发展。一是注重与非洲的本土优势相结合，帮助非洲将自然资源和人力成本优势转化为推动非洲经济发展的动力；二是扩大对当地基础设施建设的投资，参与关系民生的重大基建项目，为制造业和工业化发展打下基础；三是不仅满足非洲国家资金需求，还可分享中国较为先进的发展经验和管理理念。

总之，中非产能合作可以将贸易、投资和援助有机地结合起来，既是深化和创新传统经贸合作领域和方式的重要途径，也有助于为中非经贸合作在非洲乃至国际社会赢得更受欢迎、更为友好的政策和舆论环境，为中非更深层次合作，打造利益深度交织的中非命运共同体奠定良好的基础。

二 中非合作的理论、政策与现实基础

（一）中非产能合作的理论依据

综观国内大多数学者的研究成果，认为中非之间的国际产能合作就是中国和某个存在意愿和需求的国家或地区之间进行产能供求跨国或跨地区配置的联合行动，既可以通过产品输出方式，也可以通过直接投资的方式进行产能合作。

从理论上看，中国与非洲国家之间的产能合作就是以比较优势和国际分工为基础的国际产业合作。林毅夫创立的新结构经济学将"雁行模式"与一国的要素禀赋和比较优势联系起来，成功地解释了这些国家之所以可以发挥"后发优势"实现经济的成功转型，原因在于它们在赶超的过程中实施了遵循比较优势的发展战略，同时政府也发挥了因势利导的作用。在中非合作的过程中，中非同样可以根据要素禀赋和比较优势实现产业合作。中国经济经过多年的快速增长，许多要素禀赋不再具有比较优势，产业结构亟须调整与升级，需要按照新的比较优势去发展，而非洲大陆

是具备承接中国产能的比较优势和潜力的地区之一。中国可以根据非洲的实际需要和条件,将某些产业或者产能通过直接投资向非洲国家倾斜。非洲国家亦可遵循比较优势,利用发展节点上要素禀赋所决定的比较优势,以更低的成本顺着产业阶梯循序渐进实现升级和结构优化,以更快的速度向发达世界靠拢。

在产能合作的过程中,由于中国和非洲国家均非纯粹的市场经济国家,因而政府都要发挥积极作用。中国政府应制定符合比较优势的发展战略来确保产业合作的顺利进行,同时提升现有的软硬基础设施水平以满足有更高要求的资本密集型和技术密集型的产业发展,促进经济结构的优化升级,释放更大的经济增长动力。非洲国家政府要通过制定相关优惠政策,并在一定范围内改善基础设施,吸引符合自身比较优势的劳动密集型产业落地,利用资金和技术引进加快其工业化进程,促进产业结构转型,推动经济持续增长。

此外,中非产能合作还涉及对外直接投资理论、全球和区域价值链理论、区域经济一体化理论、人民币国际化以及中国发展模式等相关理论与问题。

(二) 中非产能合作的政策指引

1. 中国方面

从政策沟通和战略对接来看,中国政府历来重视非洲方面的战略指向和政策诉求,并在此基础上结合中国发展的优势,为中非长远合作谋篇布局。2000年成立的中非合作论坛，成为引领中非合作的高效机制。针对非盟2001年提出的自主发展与国际协调并重的《非洲发展新伙伴计划》、2007年的《非洲加速工业发展行动计划》、2013年的《非洲基础设施发展规划》以及2013年的非盟《2063年议程》，中国政府也出台了与非洲发展诉求相辅相成的政策及配套方案。例如，2014年5月，李克强总理访问非洲4国，提出中非合作的"461"框架：四个原则（平等、务实、真诚、守信），六大工程（产业、金融、减贫、绿色生态环保、人文交流、和平与安全），一个平台（中非合作论坛），首次为中非合作布局。2015年1月，中国政府与非洲联盟签署推动"三网一化"建设的备忘录，这是一项跨越48年，覆盖非洲全境的高铁、高速公路、航空和工业化基建设施，不仅有力推动非洲基础设施的互联互通和工业化，而且将带动中国的装备走进非洲。尤为重要的是，2015年12月，习近平主席出席中非合作论坛约堡峰会，公布《约堡行动计划》，提出2016—2018年中非合作的"五大支柱"（政治上平等互信、经济上合作共赢、文明上交流互鉴、安全上守望相助、国际事务中团结协助），"十大合作计划"（工业化、农业现代化、基础设施、金融服务、绿色发展、投资贸易便利化、减贫、公共卫生、人文交流、和平安全），并为此配套600亿美元资金，深度打造中非命运共同体。2018年9月，习近平主席在中非合作论坛北京峰会上宣布，中国将在2019—2021年同非洲共同实施"八大行动"（产业促进、设施联通、贸易便利、绿色发展、能力建设、健康卫生、人文交流、和平安全），并再次配套600亿美元的资金支持，绘就了新时代中非关系的发展蓝图，开启了新时代中非合作的宏伟篇章。

（1）为实施产业促动行动，中国决定在华设立中国—非洲经贸博览会；鼓励中国企业扩大对非投资，在非洲新建和升级一批经贸合作区；支持非洲在2030年前基本实现粮食安全，同非洲一道制定并实施中非农业现代化合作规划和行动计划，实施50个农业援助项目，向非洲受灾国家提供10亿元人民币紧急人道主义粮食援助，向非洲派遣500名高级农业专家，培养青年农业科研领军人才和农民致富带头人；支持成立中国在非企业社会责任联盟；继续加强和非洲国家本币结算合作，发挥中非发展基金、中非产能合作基金和非洲中小企业发展专项贷款作用。

（2）为实施设施联通行动，中国决定和非洲联盟启动编制《中非基础设施合作规划》；支持中国企业以投建营一体化等模式参与非洲基础设施建设，重点加强能源、交通、信息通信、跨境水资源等合作，同非方共同实施一批互联互通重点项目；支持非洲单一航空运输市场建设，开通更多中非直航航班；为非洲国家及其金融机构来华发行债券提供便利，在遵循多边规则和程序的前提下，支持非洲国家更好利用亚洲基础设施投资银行、金砖国家新开发银行、丝路基金等资源。

（3）实施贸易便利行动，中国决定扩大进口非洲商品特别是非资源类产品，支持非洲国家参加中国国际进口博览会，免除非洲最不发达国家参展费用；继续加强市场监管及海关方面交流合作，为非洲实施50个贸易畅通项目；定期举办中非品牌面对面活动；支持非洲大陆自由贸易区建设，继续同非洲有意愿的国家和地区开展自贸谈判；推动中非电子商务合作，建立电子商务合作机制。

为推动"八大行动"顺利实施，在2019—2021年，中国愿以政府援助、金融机构和企业投融资等方式，向非洲提供600亿美元支持，其中包括：提供150亿美元的无偿援助、无息贷款和优惠贷款；提供200亿美元的信贷资金额度；支持设立100亿美元的中非开发性金融专项资金和50亿美元的自非洲进口贸易融资专项资金；推动中国企业未来3年对非洲投资不少于100亿美元。同时，免除与中国有外交关系的非洲最不发达国家、重债穷国、内陆发展中国家、小岛屿发展中国家截至2018年底到期且未偿还的政府间无息贷款债务。

2. 非洲方面

进入21世纪，非洲国家领导人和学者对非洲在经济全球化趋势下的不利地位进行了历史和现实原因的全面反思，提出了符合非洲自身条件和利益的、自主式的可持续发展战略——《非洲发展新伙伴计划》（New Partnership for Africa's Development，NEPAD），为21世纪非洲社会经济发展带来了希望。《非洲发展新伙伴计划》以促进与国际社会协调发展、实现自身经济腾飞为目标。该计划强调非洲自主发展，同时重视与国际组织以及世界大国的协调，调整传统的以依赖外国援助和债务减免为主的外资利用方式，并将重点放在改善基础设施、营造良好的投资环境，以吸引更多的外商直接投资。2008 年，非盟首脑会议上通过了《加快非洲工业化发展行动计划》（Action Plan for the Accelerated Industrial Development of Africa，AIDA），该计划建议将工业化纳入各国的国家发展政策中，通过实施适当的产业政策来协调不同生产部门的资源配置，改进矿产资源投资法规，鼓励将资源带来的收入投入到其他行业中，促进与新兴工业化大国的合作伙伴关系等。该计划还包括促进工业发展的 7 个优先领域，即产业政策和制度方向、提高生产和贸易能力、促进基础设施和能源发展、开发人力资源、工业创新体系和研发及技术发展、筹资和资源调动，以及可持续发展。2013 年，非洲联盟、联合国非洲经委会、非洲开发银行等机构共同出台了《非洲基础设施发展规划》（Programme for Infrastructure Development in Africa，PIDA）。PIDA 整合了 2012 年至 2040 年间非洲现有的各类跨国跨区域基础设施发展规划，涵盖能源、交通、信息通信和跨境水资源四大领域，旨在通过这些基建项目提升非洲国家的基础设施水平来推动非洲国家间的贸易交往，以嵌入区域价值链为手段来提高非洲大陆在全球经济中的竞争力。

2013 年 5 月，非洲联盟第 21 届首脑会议提出了非洲《2063 年议程》（Agenda 2063），为非洲未来五十年的社会经济结构转型提出了一个战略框架。它根据参与国和利益相关方的诉求设定了各个领域的目标和战略,并且首次将所有非洲国家、区域组织都纳入统一的政策框架内。该规划制定了十年为一期的实施步骤,明确了责任分配和评估体系,目的在于通过加强具体落实来最终实现非洲大陆的和平稳定和共同繁荣。在实现工业化和现代化方面,它设定至2063年非洲地区国内生产总值(GDP)增速将达7%以上,其中制造业增加值在现有基础上增长5倍以上,制造业占国内生产总值比重将达50%以上,并能吸收50%以上的新增劳动力,强调非洲要进一步提升产品附加值、提高劳动力技能、实现经济增长和工业化。此外,《2063年议程》还提出要将农业转型升级为现代化和高利润率产业,将农业和食品在非洲内部的贸易量占总贸易量的比例提高至50%,从而摆脱对粮食进口的依赖,并消除非洲地区的饥饿和食物短缺问题。为增强《2063年议程》的可操作性,非盟在发布《2063年议程》时也同期发布了《2063年议程——第一个10年实施计划(2014—2023年)》,《实施计划》进一步细化了《2063年议程》的阶段性目标,具体而言,包括将非洲国内生产总值(GDP)年均增长率提升至7%以上,将制造业产值占国内生产总值(GDP)比重较2013年提升50%等。[①] 在发展基础设施方面,《2063

---

① 李智彪:《非洲工业化战略与中非工业化合作战略思考》,载《西亚非洲》2016年第5期。

议程》给予高度重视，在其规划的14个旗舰项目中，有关设施联通的项目就占到5个。第一，建立综合高速列车网络，通过整合非洲高速列车项目，连通所有非洲国家的商业中心。共同实施联通，促进货物、服务和人员的流动，降低运输成本。第二，实施英加水电项目。通过英加大坝建设（最终产出43200兆瓦的电力），完成由传统能源向现代能源的转变，确保所有人用得起清洁能源。第三，建立统一的非洲航空运输市场。该计划旨在提供统一的非洲航空运输市场，促进非洲的航空运输业发展。第四，泛非网络。此项旨在通过信息革命，把非洲变成一个高度发达的网络化社会。由于涉及众多消费群体，加上非洲国家的宽带基础设施和网络安全建设非常薄弱，需要各成员国动用政策手段，才能得以实现。第五，网络安全项目。在非洲网络安全的发展计划中，采用新兴技术，通过新兴技术确保数据安全和网络安全。

（三）中非产能合作的现实基础

目前非洲处于工业化早期阶段，国家整体呈现相对贫穷落后现状，但凭借其蕴藏的发展潜力，未来30年，非洲的经济总量将达到7万亿—10万亿美元，向小康目标迈进，人口规模达20亿—30亿。非洲已经成为包括中国在内的世界大国密切关注的重要消费市场、出口和投资对象以及新的经济增长点。

1. 非洲有着承接中国优质产能的最佳资源优势。

资源是人类生存和社会经济可持续发展的物质基础。资源也是吸引外国直接投资的磁石，任何对外投资都与资源密切相关。地域广袤的非洲大陆蕴藏着得天独厚的自然资源。首先，非洲享有世界"矿产资源宝库"的美誉。尤其是具有战略意义的有色金属、稀有金属其矿种之多、储量之大、分布之集中实为世界罕见。它拥有世界上最重要的50多种矿产品，其中17种的蕴藏量居首位。其次，非洲是世界八大产油区之一，出口的油气占全球出口量的10%，而且非洲石油因储量大、质量好、成本低、运输便利而广受世界大国青睐。最后，非洲的农业资源也极为丰富，不仅拥有全球60%的未开发耕地，而且经济作物、名贵木材、海洋渔业在世界上也占据一席之地。然而，迄今非洲的各类资源总体开发水平和有效利用率都很低，尚未进入充分开发阶段。进入21世纪，非洲国家积极发挥资源优势，不仅利用现成原料参与世界贸易，而且制定良好的经济政策吸引外资来提高农矿产品的附加值，以此推动工业化，进而实现经济的稳定与繁荣。中国与非洲在自然资源供需方面高度契合，尤其是非洲几乎具备中国所稀缺的所有原材料，故而非洲的资源优势使其成为承接中国产能的重要合作区域。

2. 非洲有着承接中国产能的充足劳动力资源和低人力成本优势。人口是社会经济活动的主体和必要前提。人口是生产力和消费力的统一，生产、分配、消费等经济活动离不开一定数量、质量、素质和密度的人口，而非洲是全球人口增长最快的地区。联合国发布的 2015 年《世界人口展望报告》预测，非洲人口在 2050 年将达到 25 亿，约占世界总人口的四分之一。非洲的人口结构也最为年轻，富有活力。在非洲不仅 15 岁以下人口占总人口的比例高达 41%，而且全球人口中位数排名最年轻的国家清一色都是非洲国家，到 2050 年非洲的老龄化人口比例仅为 9%。对于非洲而言，不断增长的人口规模和富有活力的人口结构将成为非洲经济发展最重要的推动力之一。巨大的人口规模和年轻的人口机构意味着大量的较为廉价的劳动力和不断增长的消费需求，人口和市场潜力的巨大优势，将有助于吸引外资，发展本土制造业并助推工业化发展，实现可持续发展。然而，非洲人口增长的同时也带来一定的社会负担。尤其是非洲国家创造就业的能力满足不了大量青壮年的需求，城市基建的落后跟不上不断扩张的城市人口，亟须引进外资弥补国内资本不足，创造就业，推进工业化和城市化。而近年来中国人口增长放缓，人口红利正在消散，劳动力成本快速增加，多个行业尤其是劳动力密集型产业面临巨大的成本压力，与其他国家及地区进行产能合作的需求不断扩大。非洲凭借巨大的劳动力潜力和强烈的合作意愿，成为中国产业合作的理想目的地。

3. 中非合作基础好，产业合作上有着较高的契合度。非洲的工业化尚处于早期发展阶段，不仅具有承接中国原材料、劳动力成本和市场的优势，而且在产业上与中国有着较强的匹配性，有着"向东看""学中国"的强烈意愿。中国不仅拥有雄厚的资金，而且拥有适合非洲现实需要的产业技术,以及包括发展劳动密集型制造业和经济特区的建设经验。非洲国家欢迎中国的优质劳动密集型产能,帮助非洲增加就业、创造税收和外汇,实现技术转让和共同发展。中国也愿意将非洲视为产业对接与产能合作的优选对象,并在合作中与非洲分享中国发展经济特区"筑巢引凤"、基础设施先行等成功经验,提高非洲自主发展能力。

三 中非产能合作的实践与效果评估

经贸合作是中非关系的压舱石和助推器。国际产能合作主要是围绕生产能力新建、转移和提升的国际合作,以企业为主体、市场为导向,以制造业及相关基础设施、能源资源开发为主要领域,以直接投资、工程承包、装备贸易和技术合作为主要形式。为此,中非产能合作被囊括在中非经贸合作的大范畴中。其中,贸易畅通、设施联通、产业投资成为中非产能合作的重要内容,而设施联通和产业投资又是产能合作的两个重要引擎。

(一) 中非产能合作的总况分析

目前,中国已经成为非洲最重要的发展和融资合作伙伴。截至2021年底,中国已经连续13年稳居非洲第一大双边贸易伙伴地位。非洲是中国第二大海外承包工程市场和新兴的投资目的地。中非经贸合作业绩举世瞩目(图3-1)。用美国麦肯锡全球研究院发布的《龙狮共舞》报告中的话来讲,不论是法英美

中国与非洲的产能合作　17

表3-1　中国对非直接投资、贸易、工程承包数据

(单位：亿美元)

	2010	2011	2012	2013	2014	2015	2016	2017	2018	2019	2020	2021
中国对非直接投资流量	21.1	31.7	25.2	33.7	32.0	29.8	24.0	41.1	53.9	27.0	42.3	37.4 (35.6)
中国对非直接投资存量	130.4	162.4	217.3	261.9	323.5	346.9	398.8	433.0	461.0	443.9	433.9	—
中国向非洲出口额	669.5	731.0	853.9	928.1	1061.5	1086.7	922.2	952.0	1049.0	1132.0	1142.0	1483.0
中国从非洲进口额	569.6	932.0	1131.7	1174.3	1157.4	703.7	569.0	679.1	993.0	955.0	727.0	1059.0
中国在非洲工程承包新签合同额	383.5	457.7	640.5	678.4	754.9	762.5	820.6	765.0	784.3	559.3	679.0	779.0
中国在非洲工程完成营业额	234.7	361.2	408.3	478.9	529.7	547.8	521.6	512.5	488.4	460.1	383.0	371.0

资料来源：根据商务部网站历年公布的相关数据整理。

等西方国家，还是印度、巴西、俄罗斯等国，没有任何一个国家能跟中国与非洲经济往来的深度和广度相比。[①]

1. 贸易畅通

进入21世纪，非洲国家贸易机会和开放性总体上升，贸易伙伴逐渐"东移"。其中，中非贸易进入跨越式增长阶段。2000年中非贸易首次突破100亿美元，至2014年达到历史的峰值2217亿美元。之后由于各种原因，中非贸易连续两年出现负增长，但2017年以后，在中国主动扩大自非洲的进口等因素的拉动下，中非贸易强势反弹。2019年，中非贸易总额达到2087亿美元。中非贸易结构也不断优化。中国从非洲的进口主要由能源、矿产品为主，合计占到七成，中国主要向非洲出口机电产品、轻纺类产品，合计也超过七成。自2010年开始，中国先后给予跟中国建交的非洲32个最不发达国家输华产品零关税待遇。其中，除贝宁享受95%的零关税待遇外，其他31个国家均已享受97%的零关税待遇。同时，中国积极扩大非洲产品的市场准入，使得非洲的农产品对华出口从2001年的5896万美元上升到2020年的31.6亿美元，在近20年的时间内对华出口增长53.6倍，[②] 已有超过350种非洲

[①] McKinsey & Company, *Dance of the Lions and Dragons: How are Africa and China Engaging, and How Will the Partnership Evolves?* June 2017.

[②] 联合国国际贸易中心高级经理毛天羽在2021年9月27日第二届中非经贸博览会中非产业链合作论坛上介绍《非洲农产品对华出口情况报告》的发言。

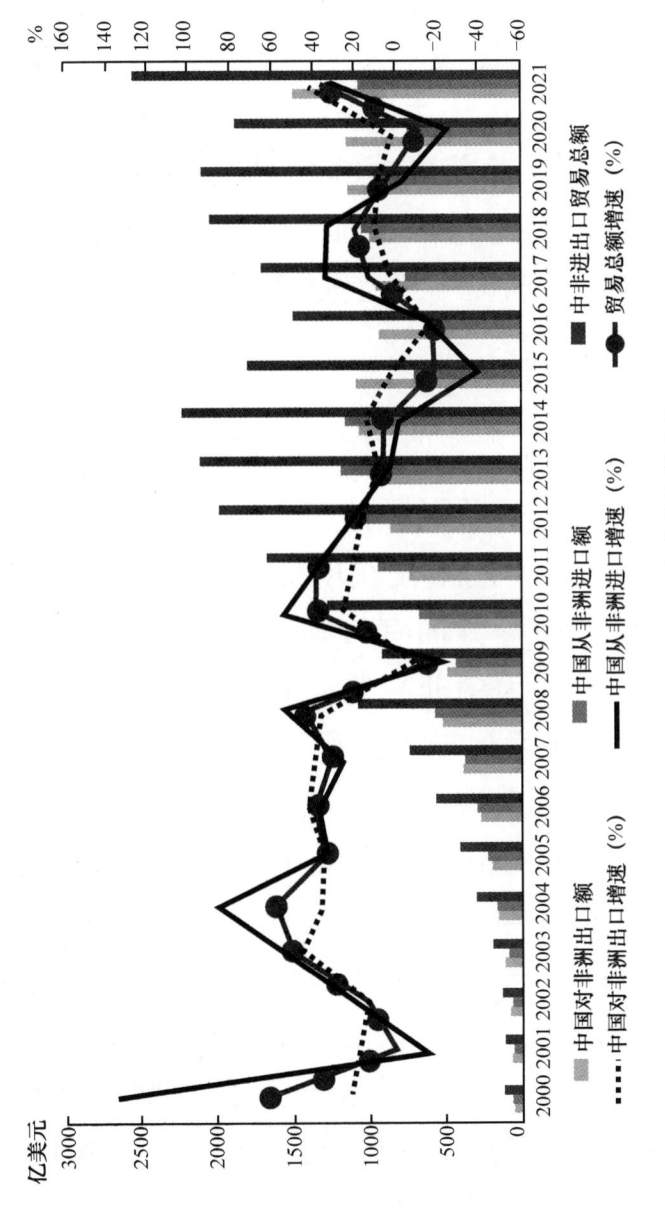

图 3-1 2000—2021 年中非贸易走势

资料来源：根据中国海关相关年份统计数据编制。

农产品和食品可以对华出口。虽然非洲国家一直对中非贸易不平衡问题颇有微词，但是截至2019年底，中国累计向非洲出口11484亿美元，从非洲累计进口11346亿美元，中方累计顺差只有138亿美元，中非贸易总体处于平衡状态。从主要贸易对象来看，南非、安哥拉、尼日利亚一直高居中非贸易总额的前三甲，其次是埃及、阿尔及利亚、加纳、利比亚、刚果（金）、刚果（布）、肯尼亚，上述10国占到2019年中非贸易总额的77%。

2. 对非工程承包

非洲国家基础设施落后，建设资金缺口巨大，亟须外部助力发展。而中国不仅在项目资金、关键技术、施工队伍和组织管理等方面有较强的竞争力，而且一直把基础设施建设作为中非合作，特别是推进非洲能力建设、提高其自主发展能力的优先领域。进入21世纪，以中交建、中国中铁、中水电、中国建筑、中铁建和中信建设为代表的中国企业兴建了非盟会议中心、亚吉铁路、蒙内铁路等一大批旗舰项目，业务拓展备受世界瞩目，占据非洲EPC市场近50%的份额，成为非洲基础设施建设的主力军。根据中国商务部历年发布的《中国对外承包工程统计公报》相关数据统计，截至2019年底，中国对非工程承包新签合同额累计为8298亿美元，完成的营业额累计5548亿美元。

21世纪的前16个年头，中国对非工程承包业绩持续攀升，屡创新高（图3-2）。其中，2015年中国对

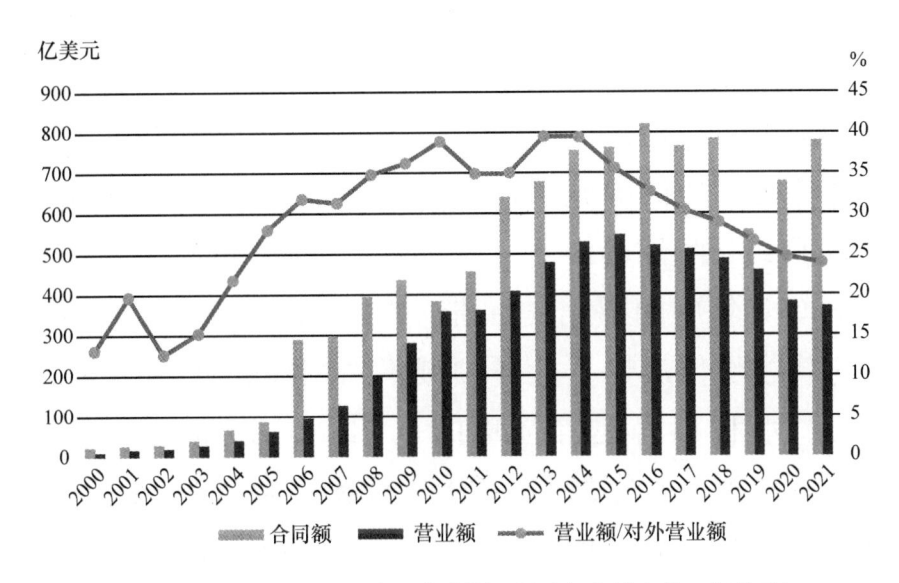

图 3-2　2000—2021 年中国在非洲工程承包业绩走势（亿美元）

资料来源：根据中国商务部《中国对外承包工程统计公报（2000—2021年度）》相关数据编制。

非工程承包新签合同额和完成营业额分别达到 762.5 亿美元和 547.8 亿美元（历史高点），2016 年中国对非工程承包新签合同额和完成营业额分别达到 820.6 亿美元（历史高点）和 521.5 亿美元。但是，自 2016 年下半年开始，在国际承包商在非洲的业务总体下降的大背景下，中国在非洲的基础设施建设遇到一定困难。特别是 2017 年以来，受非洲国家债务负担加重的拖累，中国在非洲的工程承包的新签合同额和营业额连续三年出现负增长。新签合同额从 2017 年的 765 亿美元降到 2019 年的 559 亿美元，完成营业额从 512 亿美元降到 460 亿美元，完成的营业额在中国对外承包工程总营业额的占比也下滑到 26.6%。但相对而言，中国企业在非洲市场的业务占比仍在逐步提升。2020年美国《工程新闻纪录》（ENR）发布的250家最大国际承包商非洲业绩榜单中，中国上榜企业完成营业额合计341.7亿美元，占比达到了61.9%，较2018年提高了1个百分点。①

2013年中国提出"一带一路"倡议后，中国在非洲的基建步伐加快，业务领域不断拓展，在巩固交通、电力、水利和房建等强项的基础上，更加关注能源、环保等新领域。据统计，2019年新签合同额前十的领域分布依次为交通运输建设（212.1亿美元）、一般建筑（110.1亿美元）、电力工程建设（75.8亿美元）、通讯工程建设（33.4亿美元）、水利建设（36亿美元）、工业建设（24.5亿美元）、石油化工（33亿美元）、制造加工设施（4亿美元）、废水废物处理（1.4亿美元），其他类为28.2亿美元。②

迄今为止，中国在49个非洲国家开展基建项目，合作的地域重点呈现自东向西、自北向南的全方位推进态势。对比2017年和2019年中国在非洲新签合同额的地区构成变化，可见西部非洲的业务从占比26.6%扩大到46.4%，增势明显。2019年，尼日利亚（125.6亿美元）、加纳（42.9亿美元）、阿尔及利亚（37.3亿美元）、刚果（金）（35.6亿美元）、科特迪

---

① 中国商务部、中国对外承包工程商会：《中国对外承包工程发展报告》（2019—2020），2020年11月发布，第42页。

② 中国商务部、中国对外工程承包商会：《中国对外承包工程发展报告》（2019—2020），第44页。

瓦（34.9亿美元）、埃塞俄比亚（26.9亿美元）、几内亚（26.6亿美元）、埃及（25.9亿美元）、赞比亚（22.1亿美元）、肯尼亚（13.8亿美元）是中国企业新签合同额的前十位国家[①]，其中西部非洲国家占4席，东部非洲国家占2席、北部非洲国家占2席，南部非洲国家和中部非洲国家各占1席。

3. 投资合作

相较于对非贸易和承包工程，中国的对非直接投资起步较晚。进入21世纪，在中非合作论坛引领下，中国对非直接投资增速较快。21世纪的第一个十年，中国对非洲的直接投资保持26%的年均增长速度，投资流量从2003年的0.75亿美元增加到2010年的21.1亿美元，且在2008年创造了54.9亿美元的历史峰值。2013年中国提出"一带一路"倡议以来，中非投资合作呈现出波浪式整体向好态势。从流量上看，2013—2016年，受中国国内经济换挡升级、对外投资监管趋严、国际大宗商品价格下跌等多方面影响，中国对非直接投资流量连续四年下滑，由2013年33.7亿美元下滑至2016年24亿美元。2017年，中国国内经济稳中向好，大宗商品价格回暖，对非直接投资流量显著升至41亿美元，同比增幅70.8%。2018年，中非合作论坛北京峰会召开，峰会效应有力拉动中国对非投

[①] 中国商务部、中国对外工程承包商会：《中国对外承包工程发展报告》（2019—2020），第43页。

资，在中国对外投资整体下滑的宏观背景下，2018年对非直接投资流量逆势增长至53.9亿美元，同比增幅达31.5%，达到对非投资的历史最高水平。2019年，全球经济增速放缓至自2008年国际金融危机以来最低水平，叠加贸易保护主义抬头等多重因素，国际市场避险情绪明显增加，非洲等新兴市场吸收的直接投资大幅下滑，导致中国对非直接投资流量回落至27.1亿美元。从存量上看，2013年至今，中国对非投资实现稳步增长。中国商务部相关数据显示，2013年中国对非直接投资存量为261.9亿美元，2019年对非直接投资存量增至443.9亿美元，较2013年增长近70%，年平均增幅达9.2%。

尽管2019年中国对非直接投资存量在全国对外直接投资存量中的占比从2008年峰值的4.2%下滑到2%，但443.9亿美元的规模已经超过了美国对非直接投资存量（430亿美元），仅次于荷兰、法国、英国，成为世界对非直接投资的第四大来源国，占当年非洲吸引外资存量的4.7%。[①]中国在非洲投资领域广泛，但建筑业（135.9亿美元）、采矿业（110.2亿美元）、制造业（55.9亿美元）、金融业（52.4亿美元）、租赁和商业服务业（24.9亿美元）是投资规模最多的前五大领域，合计占比为85.4%。南非（61.5亿美元）、刚果（金）（56亿美元）、安哥拉（28.9亿美元）、赞比亚（28.6亿美元）、埃塞俄比亚（25.6亿美元）、

---

① UNCTAD, *World Investment Report 2021*, p.38.

尼日利亚（21.9亿美元）、加纳（18.3亿美元）、阿尔及利亚（17.8亿美元）、津巴布韦（17.7亿美元）、肯尼亚（16.2亿美元）是投资存量最多的前十位国家，合计占比为65.9%。据中国商务部统计，目前在商务部登记备案的3800多家中国企业在非洲投资兴业，其中七成以上是民营企业；美国咨询公司麦肯锡发布的《龙狮共舞》报告认为，在非洲开展业务的中国企业超过1万家，其中九成都是民营企业。[①]

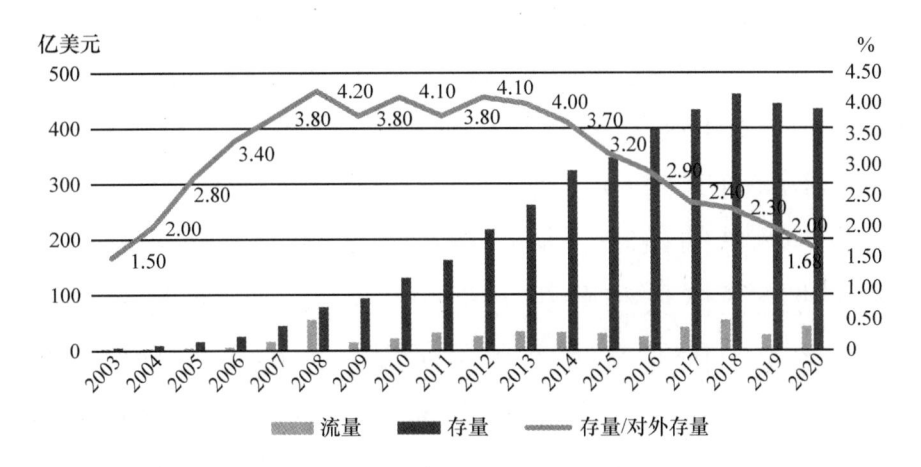

图3-3　2003—2020年中国对非洲直接投资走势（亿美元）

资料来源：根据中国商务部《中国对外直接投资统计公报》（2011—2020年度）相关数据编制。

（二）中非产能合作的国别布局

由于非洲国家众多，国家间在自然禀赋、经济条件、营商环境、对华关系等方面存在较大差异，为此，

---

① McKinsey & Company, *Dance of the lions and dragons: How are Africa and China engaging, and how will the partnership evolve?* June 2017, p.27.

中国在非洲的产能合作不能齐头并进地全面铺开。中国外交部、发展和改革委等相关部门借鉴中国经济特区的建设经验，通过考察选取具备良好条件和产业合作的基础非洲国家先行先试，打造示范样板，再以成功实践引领中非合作转型升级。从要素标准上看，先行先试示范国必须兼具战略区位、自然或人力资源、政局稳定和对华友好等优势。从投资环境上看，合作对象国必须有完善的法律法规和公平执法环境，让投资者安心；有优惠的政策让投资者赚钱开心；有高效务实的"一站式"政府服务，让投资者生产生活舒心。[①] 从合作规划上看，要坚持以点带面，稳步推进，引导非洲国家内部开展竞争，争取其竞相为中国企业提供更优惠的条件。从市场承载力和发散性看，非洲国家的经济体量和购买力都很低，没有一个国家可以全部接受中国的富余产能。所以，产能合作对象不能仅仅局限在单一某个国家市场，还必须能辐射到非洲区域市场甚至全非大市场。经过前期对部分非洲国家的摸底和调研，发现东部非洲的埃塞俄比亚、肯尼亚和坦桑尼亚三国人力和自然资源丰富，经济增速和一体化进程较快、市场辐射潜力强大，兼具发展区位、政局政策稳定和对华友好等优势，并且持有较强的"向东看"发展理念和学习中国发展经验的愿望，还享有出口美国、欧洲等发达国家免配额和零关税政策，具备

---

① 引自2016年6月6日林松添司长在湖北武汉召开的"中国中部产能合作论坛暨企业对接洽谈会"非洲专场活动上的讲话, https://www.fmprc.gov.cn/zflt/chn/zfgx/t1370199.htm，登录时间：2020年12月10日。

成为中非产能合作先行先试示范国家条件。为此，中国秉承集约发展的理念，采取以点带面，点线面结合，自东向西、循序渐进的方式推进中非产能合作。例如，中国重点支持埃塞俄比亚、肯尼亚、坦桑尼亚、刚果（布），将其打造为中非产能合作先行先试示范国；将南非这个非洲大陆经济强国列为重点实施国家，将其打造成引领中非产能合作和非洲工业化的"火车头"。除上述四国外，将埃及、安哥拉、莫桑比克、赞比亚、乌干达、卢旺达、多哥、塞拉利昂、几内亚、塞内加尔等国家列为产能合作的重点对象国，争取以成功的合作发展实践为中非产能合作积累经验，发挥引领示范作用，带动中非全面合作发展。[①]

非洲国家对中国开展国际产能合作的意愿表示赞同，并积极对接。截至2018年8月底，中国与埃及、阿尔及利亚、苏丹、埃塞俄比亚、肯尼亚、坦桑尼亚、南非、莫桑比克、刚果（布）、安哥拉、尼日利亚、加纳、喀麦隆13个国家签署了国际产能合作框架协议。截至2021年底，中国与145个国家签署共建"一带一路"合作文件，其中非洲有52个国家，超过签约国总数的三分之一。值得指出的是，2020年底中国还与非洲联盟签署了《关于共同推进"一带一路"建设的合作规划》，为中非高质量共建"一带一路"提供了新动能。在中国与非盟和46个非洲国家签署的"一

[①] 引自2016年6月6日林松添司长在湖北武汉召开的"中国中部产能合作论坛暨企业对接洽谈会"非洲专场活动上的讲话，https://www.fmprc.gov.cn/zflt/chn/zfgx/t1370199.htm，登录时间：2020年12月10日。

带一路"合作框架协议中,也专门标明有关于加强国际产能合作的相关内容表述。为此,中非产能合作借助"一带一路"倡议和中非合作论坛两大平台形成了合作的机制化体系,而且通过与非洲各国签署产能合作文件,为合作项目的落地提供了较为完善的政策环境。中国公司在上述46个国家几乎都有代表性合作项目实施对接,并已取得良好的阶段性成果,实现了合作成果的利益共享。

国别案例1:中国与埃塞俄比亚的产能合作

受益于人口红利和区位优势,埃塞俄比亚成为中非产能合作的先行先试的示范国家。在那里,中国公司修筑了埃塞俄比亚第一条环城高速公路、东非第一条现代化轻轨、非洲第一条中国二级电气化标准铁路(亚吉铁路),援建的非盟大厦成为亚的斯亚贝巴最显眼的城市建筑。尤其是亚吉铁路的通车是一个具有里程碑意义的事件,它不仅为埃塞俄比亚这个内陆国打通吉布提的出海通道,而且也带动了中国装备、技术、资金,乃至标准、规范和发展理念进入埃塞俄比亚、深入非洲。[①]

亚吉铁路自2018年1月1日商业运营以来,截至2020年12月31日,共计开行客车729列,专列33列,6列撤侨专列,临时列车7列,客运收入共计约

---

① 中国驻埃塞俄比亚大使腊翊凡:"非洲屋脊"上的丝路情缘。网易新闻2017年5月7日。

333.2万美元；开行货列3290列，货运收入共计约1.38亿美元；客货运收入共计约1.41亿美元。在货运方面，2018年，货运量90.2万吨，收入总计3251万美元；2019年，货运量较2018年增长34%，达到120.8万吨，收入较2018年增长43%，达到4650万美元；2020年，货运量同比增长25%，达到150.5万吨，收入同比增长34%，达到6241万美元。2020年亚吉铁路已经基本实现了简单的盈亏平衡。值得指出的是，新冠肺炎疫情蔓延期间，亚吉铁路保障了集装箱和散杂货运营，确保了化肥、药品、粮食和其他民生保障物资的运输，成为埃塞俄比亚运输的生命线。

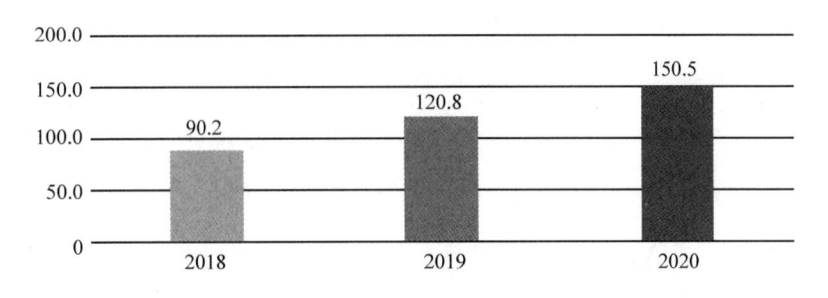

图 3-4 2018—2020年货运发送吨（万吨）

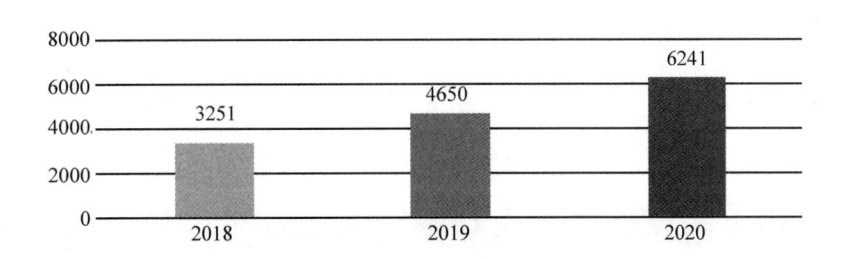

图 3-5 2018—2020年运输收入（万美元）

更为重要的是，作为亚吉铁路的主要承建商之一，中国铁建旗下的中土集团还利用修建电气化铁路之机进行海外战略转型，多方位地参与埃塞俄比亚的投资和建设。中土集团不仅获得亚吉铁路六年运营权，而且成功竞标建设铁路沿线的5个工业园。其中，阿瓦萨工业园是非洲设备最先进的纺织工业园。该工业园于2015年7月正式签约，2016年7月14日顺利竣工，2017年1月1日正式投入运营。截至2018年3月，在中土管理团队的带领下，该工业园实现月度出口额最高达250万美元，累计出口1213万美元。[1]埃塞俄比亚政府看到阿瓦萨工业园运营成功后，由埃塞俄比亚工业发展公司提出要求，从中土公司接管了该工业园的运营管理权，中土仅留下3人维修团队纳入当地管理团队，继续为阿瓦萨工业园提供服务。在德雷达瓦工业园，中土集团不仅承建埃塞俄比亚政府的园区建设任务，而且在园区旁边购买10万公顷的土地建设德雷达瓦中土工业园，其中的2平方千米建成了"园中园"——江苏昆山产业园。此外，孔博查工业园、阿达玛工业园、巴赫达尔工业园I期均已完成承建任务。未来，随着亚吉铁路相关配套设施的投资与完善，中土公司还将启运机械冷藏车提供冷链运输服务，并为沿线的工业园区提供无轨站、物流网络等服务，与埃塞俄比亚政府合力打造铁路沿线经济带，助力埃塞俄比亚实现"非洲制造业中心"的目标。

---

[1] 袁立、李其谚、王进杰：《助力非洲工业化——中非合作工业园探索》，中国商务出版社2019年版，第112页。

对于中埃产能合作的成就,埃塞俄比亚政府给予积极的肯定。2021年3月15日,埃塞俄比亚工业园区开发公司(EIPDC)披露,该国已从中国建设的工业园区中获利6.1亿美元。EIPDC营销和沟通部门负责人Behailu Kebede表示,这6.1亿美元的出口收入是通过中国建设的13个工业园区获得的,这13个工业园区还为超过89000名埃塞俄比亚人创造了就业机会。据悉,埃塞俄比亚目前有13个正在运营的工业园区,还有几个在建的工业园区预计将在2020/2021财年投入使用。埃塞俄比亚投资委员会主席莱利丝·尼姆在2021年9月27日第二届中非经贸博览会中非产业链合作论坛的发言中表示:"对埃塞俄比亚来说,中国是可靠的合作伙伴,是埃塞俄比亚政策的坚定支持者,更是一个榜样和典范,特别是在发展政策的制定与实施,以及通过包容性与可持续发展消除贫困等方面。"[1]

国别案例2:中国与肯尼亚的产业合作

肯尼亚是东部非洲国家经济发展的重要引擎之一,也是中国传统友好合作伙伴以及中非共建"一带一路"的重要参与者和推动者。自2008年制定"2030愿景"以来,肯尼亚大力实施通过国际合作的方式加速本国现代化建设的战略,通过修改和完善《投资法》等法律制度,大规模实施经济特区、出口加工区

---

[1] 引自莱利丝·尼姆2021年9月27日在第二届中非经贸博览会中非产业链合作论坛上的发言。

建设，出台优先支持发展交通设施和制造业的政策等方式，加大对海外投资、技术、人才、装备的引进力度，力图在加速实现本国产业升级的同时，构建辐射东南部非洲共同市场的经济高地。特别是在肯雅塔总统"四大"工程的带动下，肯尼亚近十年来加速国际产能合作的步伐，上马了一大批有效拉动内需、改善居民福祉的项目，初步奠定了肯尼亚在落实非洲联盟《2063议程》中的优势地位。作为肯尼亚的第一大经贸合作伙伴和长期政治互信的伙伴，中国将肯尼亚列为中非产能合作的先行先试示范国，推动"一带一路"倡议引领下的"三网一化"建设主动对接"2030愿景"，以投建营一体化模式为中心，积极探索多元化的合作模式，为肯尼亚的现代化建设提供包括融资、全产业链化落地、人力资源培训、装备本土化生产在内的有力支持，使中肯产能合作成为彰显新时代中肯合作成就的代表性领域。在中肯产能合作的强劲发展下，以蒙内—内马铁路、A2国际公路、蒙巴萨武夷工业园为代表的项目相继落成，为当地居民带去来自中国的成熟技术、优质产品、先进理念、大量就业机会的同时，也持续刷新中肯、中非合作的高度。

国别案例3：中国与尼日利亚的产业合作

尼日利亚是非洲第一人口大国，也是非洲第一大经济体。自然资源丰富、市场潜力大、劳动力成本低、政治和社会环境相对稳定、市场准入制度相对宽松。中国和尼日利亚关系友好，经济互补性较强，双边经贸合作进展顺利，已形成了较成熟的经贸合作机制，合作成果丰硕。近年来，尼日利亚已成为中国在非洲第一大工程承包市场、第一大出口市场、第二大贸易伙伴和主要投资目的国。尼日利亚是非洲重要产油国，油气产业是该国核心产业，也是吸引外国企业投资的主要产业。但是，中尼产能合作的重点集中在制造业和基础设施建设领域。截至2020年底，中国对尼日利亚直接投资存量约23.7亿美元，占中国对非直接投资的5.5%。[①] 中国企业的投资广泛涉及石油开采、电气设备生产及销售、通信广播、矿产资源开发、家电及车辆装配、食品饮料及桶装水生产、纺织服装和鞋类、农业生产等领域。中国在尼日利亚建有莱基和奥贡两个工业园，吸引了建材、陶瓷、家具、五金、医药、电子、食品及饮料加工、包装印刷材料、汽配机电产品、轻工产品等行业的中国企业入驻。中国企业还签下了多个基础设施建设项目的大单，如，中国港湾投资承建的投资额达10.43亿美元的莱基深水港项目，预计2023年竣工，项目建成后，不仅为当地提供约17万个直接和间接就业机会，而且莱基深水港将成为撒哈拉以南非洲地区的最大海港，大幅提升拉各斯的集装箱集散能力，降低国际贸易物流成本，从而提升尼日利亚经济竞争力，有利于促进整个西部非洲的互联互通。

展望未来，虽然中尼产能合作面临诸多挑战，但

[①] 中国商务部、国家统计局、国家外汇局：《2020年度中国对外直接投资统计公报》，中国商务出版社2021年版，第58页。

中尼产能合作互补性强，双方强化合作巩固共同利益和地区发展的需要的诉求强烈，合作前景广阔，预计未来几年双方产能合作的广度和深度都将得到进一步增强。下一阶段中尼产能合作的目标应是综合运用贸易、基础设施建设、产业投资、金融合作等多种方式，促进双方贸易平衡，提升贸易质量；推动中国构建新发展格局和尼日利亚新国家发展计划紧密结合，深化共建"一带一路"；大力推进重点项目建设，助力尼加快工业化进程，提升自主发展能力；拓展合作新空间，打造数字经济、绿色经济新亮点，实现多元化可持续发展。未来几年，中尼产能合作的重点领域包括基础设施建设、油气业、制造业和产业园区建设、农业、数字经济等新兴产业。

国别案例4：中国与埃及的产业合作

埃及地处亚欧非三大洲交界处，是"一带一路"天然合作伙伴，中非产能合作的重点国家。2010年以来，中国与埃及货物贸易发展十分迅速，总体呈现出以工业制成品换取石油的贸易模式。除货物贸易外，中国对埃工程承包也是双边经济合作的重要内容，在路桥建设、航空、港口、电力、通信、城市基础设施等诸多领域，中国在埃及的标志性项目取得实质进展，也得到埃及各界的普遍好评。虽然与贸易和工程承包相比，中国对埃投资活动仍处于较低水平，但埃及也是中国对非投资存量较多的国家。截至2020年底，中国对埃及直接投资存量约11.9亿美元，占中国对非直接投资的2.7%。① 中国的公司如巨石、西电电气、安琪酵母、新希望、美的、康佳等都在埃及投资兴业,其中民营企业占大多数,民营企业又以制造业企业居多,这有助于发挥埃及国内市场大、劳动力充足以及地理位置优越和物流辐射大的优势。其中,天津泰达投资运营的苏伊士经贸合作区、福田汽车的新能源公交车属地制造合作项目、巨石集团埃及玻璃纤维基地项目、科兴公司投资的新冠疫苗生产项目都是中非产能合作的代表性项目,给当地带来了大量就业,推动了当地社会经济发展。

展望未来,中国企业应结合埃及制造业发展比较优势、竞争优势的特点,应以埃及相对成熟的工业园区为依托,以借助埃及有利的国际贸易条件为重点,以短链产业为先导,以融入当地产业链为方向,稳步有序推进同埃及制造业领域的产能合作。而在政府层面,中国应在技术上加强对埃及制造业发展战略的支持,借助技术交流发掘合作机遇,并通过为埃及企业提供适度支持,借助市场力量拉近双方产业链联系。

国别案例5:中国与南非的产能合作

中国南非推进产能合作具有扎实基础。政治上,中国、南非同为金砖国家,高层交流频繁、政治互信高,2010年中非关系升级为全面战略伙伴关系,为中

---

① 中国商务部、国家统计局、国家外汇局:《2020年度中国对外直接投资统计公报》,中国商务出版社2021年版,第57页。

南产能合作奠定坚实基础。经济上，合作互补性强，中非产能潜力巨大。南非属于中等收入的发展中国家，也是非洲经济最发达的国家。自然资源十分丰富。金融、法律体系比较完善，通信、交通、能源等基础设施良好。矿业、制造业、农业和服务业均较发达，是经济四大支柱，深井采矿等技术居于世界领先地位，但近年来，南非纺织、服装等缺乏竞争力的行业萎缩；由于电力生产和管理滞后等原因，全国性电力短缺现象严重。在上述领域，中国具有绝对的产能比较优势，中南合作成效显著。中国是南非最大贸易伙伴，南非是中国在非洲的最大贸易伙伴。2020年，面对世纪疫情挑战，中非经贸合作依然高位运行。2020年，中国与南非双边贸易额358.36亿美元，中国企业对南非直接投资流量为4亿美元，中国在南非新签承包工程合同额7.22亿美元，完成营业额4.91亿美元。目前，中南产能合作已经迈出实质性步伐。交通运输、装备制造、资源开采、信息通信、工程承包、农产品加工、新能源、金融等行业已成为双方合作的重点行业，产能合作项目正在分类实施，有序推进。主要体现在以下几大方面：寻找合适的合作伙伴、发挥行业协会的作用、员工与管理的本地化、产品与服务的本地化、履行企业社会责任、推广经济特区模式。展望未来，中南产能合作要加强统筹性和协同性、加快完善服务保障体系、共同建立企业对外投资资格审查制度、加强中南经贸园区建设。

（三）中非产能合作的行业分布

中国在非洲的产能合作不仅有国别选择，而且也有行业布局上的综合考量。即将大型基础设施建设同产业园区、经济特区建设、资源能源开发利用同谋划、共推进，实现大型基础设施建设同资源及产业的紧密结合与协同发展。具体思路如下：

一是必须推进非洲的基础设施建设项目与中国产业的合作。帮助非洲建设铁路、港口、机场的目的不仅要破解非洲经济发展的瓶颈，而且还要带动中国国内的装备、技术、建设能力和产能走进非洲，服务中国国内发展。以产业发展为铁路等基建项目的可持续运营提供支撑，形成建设、运营、投资相得益彰的良性互动，打造路、港、区三位一体的合作发展的经济生态环境。

二是力争将基础设施建设项目与能源资源开发利用紧密结合。非洲的资源绝大多数掌握在西方手里，中国开发的大多是边际油田或尾矿项目。非洲交通运输条件落后，要开矿、采油，就需要先修路、建港口。通过开展中非产能合作，中国不仅可以赢得关键交通网络枢纽的经营权，而且还能争取到铁路沿线地产、土地、矿产资源等附属权益，逐步扩大中国对非洲国家资源能源的占有率和份额，在重要资源和能源供应方面提升双方的合作关系。

三是力争与中国的装备、技术、标准、发展理念"走出去"紧密结合。中国在非洲实施产能合作，需要大量的资金支持,中国应在输出资金和技术的同时,注意分享中国的标准、发展理念、发展经验。中国标准和发展理念"走进非洲",有助于提升中国在非洲的影响力和话语权。

1. 基础设施领域的合作

基础设施合作是中非经贸合作的传统优势。"一带一路"倡议和国际产能合作出台后,互联互通建设更成为中非经贸合作的优先领域和最大亮点。截至2020年底,中国企业对非建筑业的直接投资存量为151.5亿美元,占当年中国对非直接投资存量的34.9%,是中国对非投资规模最大的行业。[①] 与此同时,中国企业还承担了大量非洲基础设施融资项目的施工建设,成为改善非洲基础设施、促进互联互通的关键力量。中非基础设施合作具有如下五个特点。

(1) 中国是非洲基础设施建设的最大双边融资方和主力军。2012—2015年,中国对非基建投资以每年16%的速度增长,为非洲许多大型基础设施建设开发项目提供了资金支持。2015年,中国对非基建投入金额累计已达210亿美元,远高于非洲基础设施集团的投资总额(该集团成员包括世行、IFC、欧洲执行委员会、欧洲投资银行、非开行和G8)。[②] 2015—2019年

[①] 中国商务部、国家统计局、国家外汇管理局:《2020年度中国对外直接投资统计公报》,中国商务出版社2021年版,第29页。

[②] McKinsey & Company, *Dance of the Lions and Dragons: How are Africa and China Engaging, and How Will the Partnership Evolves?* June 2017.

间，国际承包商250强的营业额从645亿美元减少到552美元，而上榜的中国公司在非洲营业额小幅波动，从最低354亿美元减少到342亿美元，市场份额却从最低时54.8%增加到61.9%。非洲区域市场的工程61.9%是由中国公司实施的。①

（2）基建领域拓展，交通骨干网络、水利枢纽和电力、房建和市政建设是合作强项。中国在非洲的基础设施建设从最早的房建、道路、桥梁建设，拓展到水利水电、石化、电信、建材、供水、农业等领域。2013年"一带一路"倡议和国际产能合作指导意见出台后，中国在非洲的基建步伐加快，交通、能源、市政建设成为中国基建企业重点关注的领域。据统计，2019年新签合同额较大的领域分布依次为交通运输建设（212.1亿美元）、一般建筑（110.1亿美元）、电力工程建设（75.8亿美元）、水利建设（36亿美元）、工业建设（24.5亿美元）、石油化工（33亿美元）、制造加工设施（4亿美元）、废水废物处理（1.4亿美元），其他类为28.2亿美元。②

（3）地域和国家布局从东非、北非向西部非洲拓展。中非基础设施合作（含援建、承建、投资）项目几乎遍布非洲所有国家。如果仅算直接投资类的基建项目则包含52个国家，覆盖率高达86.7%。"一带一路"倡议和国际产能合作指导意见出台后，中国在东

---

① 袁立：《国际工程市场环境和市场细分》，《施工企业管理》2021年第1期。
② 中国商务部、中国对外工程承包商会：《中国对外承包工程发展报告》(2019—2020)，第44页。

部非洲和北部非洲承建了亚吉铁路、蒙内铁路等超大型基建交通项目，使其成为重点合作地区。随着"一带一路"的推进，中国企业密切对接非洲2012—2020年非洲基础设施发展计划的优先行动计划中的建设重点，加大了对东南非和中西非两个重点地区的合作，使得中国在非洲的基建合作地域呈现自东向西、自北向南的全方位推进态势。例如，对安哥拉"能源走廊"极为重要的全长478千米的罗安达铁路和全长1344千米的本格拉铁路，作为西部非洲铁路骨干网重要构成的尼日利亚哈科特—迈杜古里铁路、拉各斯—卡诺铁路、拉各斯—伊巴丹铁路，尼日利亚莱基深水港等项目投入运营或取得重要进展就是例证。对比2017年和2019年中国在非洲新签合同额的地区构成变化，可见西部非洲的业务从占比26.6%扩大到46.6%，增势明显，详见图3-6。2019年，尼日利亚（125.6亿美元）、加纳（42.9亿美元）、阿尔及利亚（37.3亿美元）、刚果（金）（35.6亿美元）、科特迪瓦（34.9亿美元）、埃塞俄比亚（26.9亿美元）、几内亚（26.6亿美元）、埃及（25.9亿美元）、赞比亚（22.1亿美元）、肯尼亚（13.8亿美元）是中国企业新签合同额的前10位国家[①]，其中西部非洲国家占4席，东部非洲国家占2席、北部非洲国家占2席，南部非洲国家和中部非洲国家各占1席。

---

① 中国商务部、中国对外工程承包商会：《中国对外承包工程发展报告》（2019—2020），第43页。

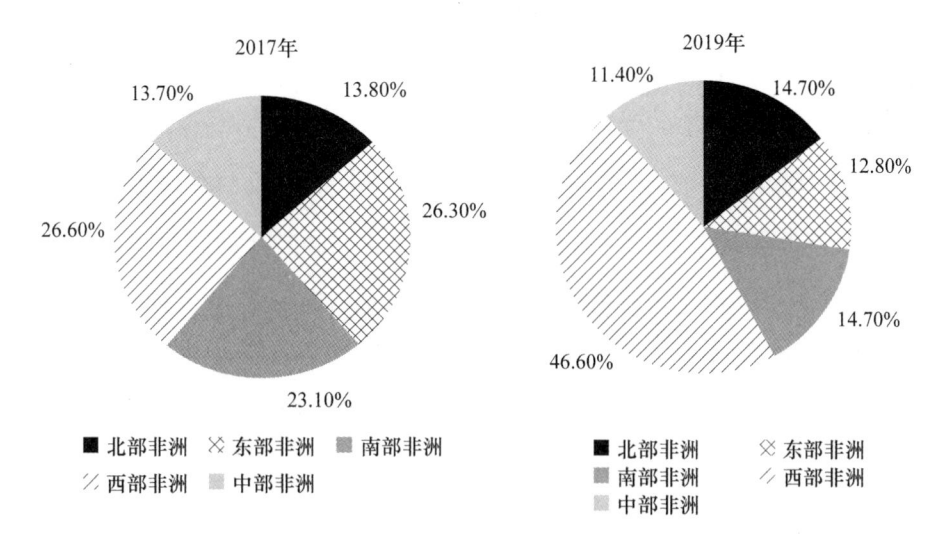

图 3-6　2017 年和 2019 年中国在非洲承包工程新签合同额的地区构成

资料来源：根据中国商务部、中国对外工程承包商会编制的《中国对外承包工程发展报告》(2017—2018) 以及《中国对外承包工程发展报告》(2019—2020) 中相关数据绘制。

（4）单体大项目较多。截至 2021 年 10 月，中国在非洲修建铁路和公路里程均超过 6000 千米，建设了近 20 个港口和 80 多个大型电力设施。其中，亚吉铁路、蒙内铁路、蒙巴萨港等"一带一路"旗舰项目的单体投资巨大，项目的建成和投运已经产生良好的经济社会效益，引发国际社会广泛瞩目。此外，中国企业在尼日利亚承建的蒙贝拉（Mambila）电站项目（58 亿美元），在乌干达承建卡鲁玛水电站（16.9 亿美元）等诸多大项目，继续彰显"基建狂魔"的资金与技术实力，并拉动中国装备的对非出口。

（5）EPC（Engineering Procurement Construction）总承包项目居多，投资运营类项目较少。中国参与非

洲基础设施建设采用了融资承建与投资开发双管齐下的做法。但相对而言，中国在非洲承建的基础设施工程大多采用 EPC+F（Finance）的融资方案，而投资开发类项目较少。虽然中国在非洲建筑业的直接投资存量一直高居中国对非直接投资存量的行业榜首，但相对于中国对非工程承包总合同额和总营业额而言实在是占比太小。特别是在近年来非洲经济出现新一轮债务危机的背景下，中国参与非洲基建的主流合作模式 EPC+F 亟待转型。

基础设施合作案例 1：蒙巴萨至内罗毕标准规矩铁路项目

肯尼亚蒙巴萨至内罗毕标准轨铁路项目（简称"蒙内铁路项目"）连接东非第一大港口蒙巴萨和肯尼亚首都内罗毕，全长 479 千米，是东非铁路网络中的重要组成部分，也是肯尼亚的经济交通大动脉。2011 年 7 月，合作交运集团辖下的中国路桥将该项目分为线下和线上两部分同肯尼亚铁路公司签署了商务合同，总金额 38.04 亿美元，其中线上部分为机车、电力、通信、控制等设备的采购和安装，线下部分为土建部分。2014 年 10 月开工建设，2017 年 6 月 1 日投入运营，建设工期历时两年半。该项目采用混合贷款的融资方式，由中国信用保险公司承保。

——起源。肯尼亚是东非地区综合实力最强的国家，同时也是地区海陆空交通运输枢纽。位于印度洋西海岸的蒙巴萨是地区性海港，乌干达、卢旺达等东非内陆国家的进出口物资都要经蒙巴萨港和肯尼亚原有铁路和公路周转。进入21世纪，肯尼亚及东部非洲地区国家经济持续发展，肯尼亚国内原有的铁路、公路等交通设施已经难以满足各方对物资的运输需求。因此，为推动肯尼亚及周边国家的交通现代化和经济增长，修建蒙内铁路成为肯尼亚的重要目标。近些年该国采取了诸多吸引外资的措施，电力接入的提高和信贷准入的便利使其成为中非产能合作的最佳落脚地。

——效益。蒙内铁路的开通，终结了东非地区40年、肯尼亚百年没有新建铁路的尴尬历史，将为沿线地区进一步发展经济、削减贫苦、解决就业、降低物流成本注入强劲动力，取得了良好的社会效益和经济效益。肯尼亚铁路局局长阿斯塔纳·麦依纳预计蒙内铁路施工阶段将至少推动肯国民生产总值额外增长1.5个百分点。2020年2月24日是蒙内铁路投运1000天，在此期间，累计开行列车1.3万列次，累计运营636.8万千米，运送旅客417万人次，发送货物77.1万个标准箱。

在蒙内铁路建设运营期，中方对肯方员工采取"因人因专业因岗位"的培训方式，使得123个技术工种全方位实施了技术转移工作，选拔肯方尖子人才，完成铁路人才储备，本地化率接近80%。蒙内铁路现有肯方员工2525人，中方员工676人。肯方员工在主要技术工种开始独立顶岗，有1072名肯方员工可以独立完成58个作业项目。2019年底，公司内部晋升和社会招聘肯方管理人员252人。新冠肺炎疫情期间，虽然客运出现暂停但货物运输保持畅通，蒙内铁路为肯尼亚抗疫物资运输提供了坚实的保障。

——意义。蒙内铁路是中肯共建"一带一路"的重要成果，意义重大。从肯尼亚和整个东部非洲国家层面而言，蒙内铁路建成后成为肯尼亚乃至东非区域的经济大动脉，为肯尼亚经济持续发展和东部非洲国家的互联互通提供了新动能。从中国层面而言，蒙内铁路是中国建设者利用中国标准、中国资金、中国技术、中国管理、中国装备、中国理念克服了资金、技术、人才、环境等方面的诸多障碍，高效环保地建成了的东非第一条高标准现代化交通设施。蒙内铁路是中国铁路产业链、中国铁路技术标准全方位走出国门，成功服务于肯尼亚交通基础设施建设的典范，在肯尼亚和东部非洲又树立了一个标杆项目，对其他非洲国家的铁路交通建设形成良好示范效应。尤其是该项目较亚吉铁路融资模式而言，采用混贷模式，丰富了贷款方式。而且随着该项目的运转，良好的经济和社会效益推动中肯/中非友好深入发展，将进一步推动东非地区国家在中国"一带一路"倡议中的重要支点地位。

基础设施合作案例2：纳米比亚鲸湾新集装箱和油码头项目

鲸湾港（亦称沃尔维斯湾港）位于纳米比亚中西部，濒临大西洋，是从安哥拉洛比托到南非开普敦之间近3000千米海岸线上唯一的深水良港，是通往南部非洲内陆国博茨瓦纳、津巴布韦和刚果（金）的重要港口通道。该项目由中国港湾 EPC 总承包,合同总额超过 8 亿美元,工期 3 年左右,承载着纳米比亚积极寻求进入"一带一路"快车道的诚挚愿景。

——起源。纳米比亚虽然是个年轻的国家,但鲸湾却是个古老的港口,承载着纳米比亚 90% 的海运货物装卸工作,但原有码头设备老旧,吞吐能力趋于饱和,亟待改扩建。自 2005 年起纳米比亚政府就有了鲸湾港扩建的规划,后被纳入《2030 年愿景》《团结繁荣计划》中成为该国重要的基础设施建设项目。纳米比亚政府希望发挥鲸湾的深海良港的优势,不仅使其成为纳米比亚的核心物流枢纽,而且成为整个西南非洲地区国家的重要港口,由此辐射博茨瓦纳、赞比亚、津巴布韦等周边内陆国家。

在中非共建"一带一路"倡议推动下,2013 年、2014 年,中国交建集团辖属的中国港湾凭借在港口水工领域的独特优势,通过激烈的国际竞标先后中标鲸湾新集装箱码头现汇 EPC 项目和鲸湾油码头现汇 EPC 项目,合同总金额 8 亿美元。其中,集装箱新码头建设合同 3.35 亿美元,工期 3 年。建设内容包括一个可以停靠 10 万吨级 8000 标箱、岸线长度为 600 米的集装箱码头、1 座 372 米长的邮轮码头、吹填而成的 41 万平方米的陆域堆场(其中疏浚 360 万立方米,吹填量 270 万立方米),可以停靠游艇的浮式防波堤,以及有相应的铁路、公路、水电通信和房建等配套设施,并提供 4 台岸桥。项目位于鲸湾老港区。油码头项目内容包括两个 6 万吨油轮泊位和两个 400 吨拖轮泊位,码头730米，引桥1700米，疏浚890万立方米，水上及陆地输油管线7.6千米，包括柴油、汽油、航空煤油和重油的总计7.5万立方米储油库区及其他配套设施。油库区位于鲸湾东北侧油气工业区，库区面积2.6公顷，按功能分为罐区，汽车、火车装卸区，生产辅助区等。项目位于鲸湾北部新港区。

——效益。鲸湾码头项目于2014年5月正式开工，2019年8月顺利完工。通过项目建设，鲸湾港集装箱码头建成后装卸效率实现了质的飞跃。由于引入了自动化港湾项目，4台岸桥由上海振华重工制造，效率是门座式起重吊机的3—5倍，鲸湾港集装箱码头年吞吐量将从30万标箱提升到70万标箱，装卸效率更是实现质的飞跃；油码头也将成为纳米比亚政府拥有的第一个国家战略储备油设施，储备时间从15天增加到30天。此外，港口项目还带来了溢出效应，促进了当地中小企业的发展。埃龙戈省省长穆提亚维夸表示，"中国港湾在鲸湾港项目中发挥了巨大作用，不仅有利于沃尔维斯当地经济发展，对整个纳米比亚中小企业的成长也是有益的，仅在本地就带动了12亿纳币的市场规模"。除此之外，项目建设期间，约有2亿纳币通过购买公关和人力资源服务等形式促进了中小企业的成长。

——意义。从纳米比亚国家层面来说，鲸湾港口工程意义重大，不仅改善了纳国的基础设施，而且为纳米比亚和周边内陆国家提供除德班以外的另一条水运航线，推动了南部非洲国家的互联互通。纳米比亚总统根哥布出席项目交接仪式时说，"沃尔维斯湾港将从一个主要渔港转变为国际市场的物流枢纽"。非洲开发银行副总干事约瑟芬·恩古雷认为，新的集装箱码头运营后将改变纳米比亚的定位，并将为津巴布韦、博茨瓦纳、赞比亚和马拉维等内陆国家提供更多的机会。从中国层面而言，新集装箱码头的竣工是中纳两国共建"一带一路"合作的重要成就，纳米比亚由此受益，未来将更多参与"一带一路"建设，推动中纳友好关系深入发展。另外，中国港湾通过实施该项目，向当地传导"感知责任、优质回报、合作共赢"的企业文化，树立了中国企业的良好形象。项目共为当地创造了2000多个就业岗位，对当地员工通过理论学习、现场实践、岗位培训培养了600多名技术工人，通过当地有资质的专业机构培养了70名员工。在当地，中国港湾积极开展捐资助学、扶危救困等工作，累计捐赠额达300万纳币，其中赞助两名纳米比亚青年在中国的河海大学进行为期5年的工程专业本科学习，并在项目上为当地大学生提供实习机会，在当地树立了中国企业的良好形象。

基础设施合作案例3：几内亚凯乐塔水电站项目

凯乐塔水电站有几内亚"三峡工程"的美誉，是几内亚重要的民生工程。工程全部采用"中国标准"设计，由三峡集团中国水利电力对外公司以EPC总承包模式承建，2015年投产后，电站整体形象成为新版5000几内亚法郎货币背景图。电站总装机24万千瓦，年发电量9.65亿度，极大解决了几内亚电力短缺的现状，改善了国内民生，促进了国民经济发展。2019年，三峡中水电通过并购投资实现对凯乐塔水电站的控股运营。

凯乐塔水电站是三峡中水电践行国家"走出去"战略，响应"一带一路"倡议的代表之作，也是中几两国加强经贸领域合作的重要成果。本次成功入选能源国际合作最佳案例彰显了公司开发建设国际能源基础设施的实力，也更加坚定了公司深度参与国家"一带一路"建设的信心。未来，公司将继续发挥自身优势，努力打造国际水电精品工程，为中国水电全产业链"走出去"贡献力量。

2. 产业投资的平台：经贸合作区的建设

早在2006年，为回应非洲国家学习中国经济特区发展经验的诉求，中非合作论坛北京峰会上，时任国家主席胡锦涛宣布，将在非洲国家建立3—5个经贸合作区等八项重要举措，以中非工业合作来带动非洲制造业的发展，使其有更多的出口产品。为积极响应国家政策号召，一些中国企业大胆实践，中非经贸区（或工业园）应运而生。据不完全统计，截至2020年底，经中国商务部备案的中国企业在非经贸合作区共有25个，入区企业达到623家，累计投资73亿美元，上缴东道国税费14.7亿美元，雇用外籍职工4.2万人[①]，形成了一批装备制造、轻工纺织、家用电器、资

---

① 《第二届中非经贸博览会将在长沙举办》，《人民日报》2021年9月4日。

源深加工等产业集群，极大地提升了当地的工业化水平和产业配套与出口创汇能力。事实上，中国在非洲建设的经贸区数量远不止25家，据相关学者利用综合性网络手段，尽可能全面地搜集了1992—2018年间的中国境外经贸合作区建设数据，得出中非共建的境外经贸合作区共计44家的结论。[①]

根据建设资金来源，中国在非洲建设的园区可分为国家级、省市级和企业自建3个类别。目前，在中非合作论坛框架下，中国在非洲5国建立了6个经贸合作区，但只有埃及泰达苏伊士经贸区、尼日利亚莱基自贸区、赞比亚—中国经贸区、埃塞俄比亚东方工业园达到商务部的考核指标，成为名副其实的国家级园区；而毛里求斯晋非经贸区、尼日利亚奥贡经贸区也在加紧建设和招商，力争早日达标。与此同时，中国地方政府也积极支持本省企业跻身于中非产能合作大潮，比如乌干达的辽沈工业园、埃塞俄比亚的湖南阿达玛工业园、埃塞俄比亚的德雷达瓦工业园中的昆山产业园，正在加紧园区建设。此外，一些中资企业利用在非经营的各种资源优势，投入园区建设大潮。例如，华坚集团在埃塞俄比亚的国际轻工业园、安徽外经在莫桑比克的贝拉经贸区、北汽集团在南非的库哈工业园、天堂集团在乌干达的姆巴莱工业园都已取得初步成效。但总体而言，中非经贸合作区的建设仍

[①] 张春、赵娅萍：《赚利润 vs 攒经验？中非境外经贸合作区的理论反思》，载云南大学非洲研究中心网站，2021年5月2日发布，详见 www.cas.ynu.edu.cn/info/10027/1897.htm，登录时间：2021年6月5日。

处于从初创向经营阶段过渡，取得了良好的阶段性成果。以下介绍4个国家级园区的发展业绩。

埃及泰达苏伊士经贸区：创建于2008年7月，位于亚非欧三大洲金三角地带，紧邻苏伊士运河，是中国"一带一路"沿线的国家级经贸合作区，是中埃两国在战略对接、产能合作方面的重点项目。经过十余年的辛勤努力，泰达苏伊士经贸区从荒芜的戈壁滩发展为占地面积7.34平方千米的现代化产业城，已经成为"一带一路"非洲园区建设的领航者。截至2021年5月底，泰达苏伊士经贸区已吸引102家企业入驻，实际投资额超12亿美元，累计销售额超25亿美元，缴纳税费约1.7亿美元，直接解决就业约4000人，产业带动就业3万余人。园区入驻巨石集团、牧羊集团、西电集团等大型企业，形成了以石油装备、高低压电器、纺织服装、新型建材和机械制造在内的五大产业园区，涵盖加工制造、物流、保税、技术开发、商贸和现代服务业等主要产业，融各功能区为一体的国际化产业基地和现代化新城，被埃及政府誉为"中埃合作之城"。泰达合作区的发展成果及经验不仅在中埃两国获得认可，同时对中东、北非甚至整个阿拉伯世界均具有较大的辐射和示范作用。

尼日利亚莱基自贸区：位于尼日利亚拉各斯莱基半岛上的莱基自由贸易区规划面积30平方千米，是中国在非洲占地面积最大的经贸合作区。经过中非莱基投资股份有限公司多年打造，吸引了像玉龙钢管、亚非国际（重卡）、华创钢结构、华鼎电源等一批规模企业入园投资建厂，并带动了上下游企业的入园。截至2021年7月底，莱基自贸区内注册入园企业数量达161家，涉及石油天然气仓储、家具制造、服装生产、贸易物流、工程建设服务、工业房地产、汽车装配、钢结构加工制造、钢管生产、日用品等多个行业，协议投资总额近15亿美元。其中，91家企业（中资60家，外资31家）正式签署投资协议并已陆续建成和投产。在运营方面，截至2021年7月底，入园企业累计完成投资3.4亿多美元，实现总产值3.9亿多美元，园区进出口总额8.2亿美元，实现就业2000人，上缴尼日利亚政府税费超过7400万美元。① 目前，莱基自贸区进入了快速发展期，已成为中国推动"一带一路"建设和国际产能合作的重要抓手和平台，对促进中尼经贸合作发挥重要作用。未来，伴随着莱基新港的建设、丹格特的炼油厂（世界上最大的单体炼油厂）的建成，莱基自贸区的发展战略也在与时俱进地调整，它的发展目标已经不单单是打造一座现代化的综合新城，而是要打造一座现代化的临港新城。由于自贸区紧邻港口，经贸、物流、电商包括保税业务，都将成为未来发展的重点领域；而随着丹格特炼油厂建成，石化及其配套产业也将成为重点发展领域。

埃塞俄比亚东方工业园：位于埃塞俄比亚首都亚的斯亚贝巴附近的杜卡姆市，离首都亚的斯亚贝巴和博莱国际机场约30千米，北侧大门紧靠国家高速公路

---

① 《莱基自贸区新目标：现代化临港新城》，《中国贸易报》2021年8月23日。

和铁路。园区占地面积5平方千米，取得99年土地使用权的面积为4平方千米，截至2019年工业园已完成2.33平方千米的四通一平基础设施建设，建成标准型钢结构厂房近30万平方米。工业园已经成为中国企业在非洲集聚投资的一个亮点，成为埃塞俄比亚工业经济发展的重大示范项目。2007年11月，江苏省永元投资股份有限公司（民营性质）中标承建。经过十多年打拼，工业园的基础设施不断完善，园区配套服务增多，招商引资稳步推进，吸引了包括华坚鞋业、力帆汽车、东方印染、三圣药业、地缘陶瓷等96家企业入园投资设厂，主要包括建材、鞋帽、纺织服装、汽车组装和金属加工等行业，成为中国民营企业在非聚集投资的平台，为当地经济和社会发展做出重要贡献。入园企业不仅带动了中国产品的出口、加快了产能合作步伐，而且积极为埃塞俄比亚政府缴纳税费，创造了大量的就业岗位。截至2018年底，入园企业总投资6.4亿美元，总产值10亿美元，上缴东道国税费总额8200万美元，为东道国解决就业16400多人。[①] 入园企业华坚鞋业成为中埃劳动密集型制造业合作的典范。

中国—赞比亚经贸区：是中国在非洲设立的第一个境外经贸合作区，也是赞比亚政府宣布设立的第一个多功能经济合作区。该区由中国在赞比亚最大的中资企业——中色集团开发、建设、运营和管理。合作

---

① 第一届中国—非洲经贸博览会组委会秘书处主编：《中非经贸合作案例方案集》，湖南人民出版社2019年版，第258页。

区分为谦比希园区和卢萨卡园区,谦比希园区位于赞比亚铜带省中部,距赞比亚首都卢萨卡360千米,距赞比亚第二大城市恩多拉70千米,距赞比亚第三大城市基特韦28千米;卢萨卡园区位于赞比亚首都卢萨卡市东北部,距离市中心25千米,南侧紧邻卢萨卡国际机场。谦比希园区主要是围绕铜矿石这个有色金属资源开展开采、加工、仓储、物流等业务,而卢萨卡园区主要是围绕商贸服务、现代物流、加工制造、房地产开发等进行配套服务。截至2017年底,园区累计投入基础设施建设1.9亿美元,已有50多家企业和租户入驻,实际完成投资16亿美元,区内企业累计实现销售收入超过140亿美元,为当地创造8000个就业岗位。[①]

3. 致力于多行业的产业链延伸与转型

(1) 聚焦劳动力密集型和装备"走出去"的制造业。制造业是非洲实现工业化的关键抓手,也是中非产能合作的主体内容。由于中国日益重视能给非洲国家创造就业、助其自主发展能力的制造业合作,中非制造业合作的领域不断拓展,从传统的服装纺织业、食品加工等轻工业向家电、建材、汽车、机车、通信设备、医药物质等多领域拓展,呈现逐渐走向中高端、多元化合作的发展趋势。与此同时,中非制造业的合

[①] 《中国—赞比亚工商论坛举行,签约项目达14.7亿美元》,载环球网,http://www.ce.cn/xwzx/gnsz/gdxw/201809/03/t20180903_30195514.shtml,登录时间:2021年3月30日。

作规模与占比也在小幅攀升。2016—2020年间，中国对非洲制造业的投资存量从50.9亿增长到61.3亿美元，占中国对非直接投资总量的比重从12.8%提升到14.1%。尽管中非制造业合作的体量和占比不尽如人意，但仍高于同期制造业在中国整个对外投资8%和10.8%的比重，而且在非制造业投资的企业数量更是高居各行业榜首。值得关注的是，中非制造业合作的投资主体已由国企为主转变为国企和民企并存。民营企业正在成为对非制造业投资的主力军，这些企业经营决策灵活，市场敏感度高。在一些制造业发展前景较好的非洲国家，中国民营企业占比更高，例如，肯尼亚共有396家中国企业，其中80%为民企，44%从事制造业领域的投资经营。[①]

案例1：华坚集团促进埃塞俄比亚轻工业发展

华坚集团成立于1996年，是以专业生产高中档真皮女鞋为主的中国民营企业。2011年11月，华坚集团依托埃塞俄比亚畜牧业优势和外商投资优惠政策，在埃塞俄比亚东方工业园成立华坚国际鞋城（埃塞俄比亚）有限公司，并在2012年1月正式投产两条生产线，当年雇佣本土员工从最初的600人增加到1600人，当年实现出口创汇占埃塞俄比亚皮革业出口的57%。[②]

[①] 中非民间商会：《中国企业投资非洲报告——市场力量与民营角色》（PDF），2021年8月，中文版，第61页。

[②] 季晓莉：《抓住"劳动力成本洼地"机遇——"华坚鞋们"踏上非洲发展路》，《中国经济导报》2013年7月30日。

截至2019年底，华坚在埃塞俄比亚的工厂共有6条现代化女鞋生产线，员工近5000人，累计出口女鞋超过600万双，实现销售额超过6000万美元。① 基于产业合作一步到位带来的良好投资收益，华坚进一步扩大在埃塞俄比亚的投资，致力打造"埃塞俄比亚—中国东莞华坚国际轻工业园"这个本土化的品牌。该工业园已于2015年4月16日完成奠基仪式，预计总投资20亿美元，占地面积137.8公顷，建筑面积150万平方米，计划于2020年建设完成。届时轻工业城将会成为埃塞俄比亚轻工业发展的新焦点，预计每年可创汇20亿美元，提供3万—5万多个就业岗位。② 目前轻工业园已有30家中资企业入驻，涉及钢材、制药、纺织、汽车组装等多个行业，成为中国轻工业企业"走出去"在非洲集群发展的平台。华坚集团致力于埃塞俄比亚轻工业发展的业绩，受到埃塞俄比亚政府的充分肯定和高度评价，不仅希望中国企业扩大"一带一路"在非洲合作国家的投资建设规模，而且于2019年6月将埃塞俄比亚国有工业园——季马工业园（Jimma Industrial Park）交由华坚运营，而且季马工业园还获得了埃塞俄比亚境内唯一可百分百做内销的工业园。为此，华坚集团被誉为"中国产能出海的最成功案例"，更成为中埃两国经贸合作的典范。

---

① 《无法忽视的非洲市场拓荒者：珠三角企业》，载《南方日报》2020年8月24日。
② 《埃塞俄比亚—中国华坚国际轻工业城》，华坚集团网站，http://www.huajian.com/changye/changye49.html，登录时间：2021年10月27日。

案例2：人福药业马里制药厂项目

为落实对非"十大合作计划"中的"中非公共卫生合作计划"，2013年，武汉人福集团股份公司（简称"人福医药"）与中非发展基金共同出资在马里首都巴马科建设一座现代化药厂（简称"人福药厂"）。人福药厂设计规模为年产3000万瓶口服混悬液，4000万瓶大容量注射剂，是目前中国在西非大陆投资额最大、生产规模最大的药厂，也是西非地区第一家采用最新GMP标准（中国药品生产质量管理规范）建设的现代化药厂。[①] 2015年1月，人福药厂正式建成投产，使马里国内糖浆及输液药品价格实现明显下降，极大缓解了马里乃至整个西非地区药品短缺问题，并在一定程度上改善了当地居民的医疗卫生条件，成为兼具投资效益和民生效益的示范性项目。马里政府也对人福药厂给予了高度评价，2015年，时任马里总统凯塔在出席项目竣工仪式时表示，人福药厂不仅使马里人民受益，而且还使马里获得了药物生产能力，结束了其国内不能生产药品的历史。[②] 2018年，马里授勋委员会向人福非洲药业总经理颁发马里国家级军官勋章，这标志着马里政府对于人福药厂在当地经营表现的充分认可。值得指出的是，马里制药厂的成功已在鼓舞人福集团积极拓展埃塞俄比亚的医药市场，正通过发

[①] 黄婷婷：《人福非洲药业股份有限公司 为西非制药行业树立标杆》，载湖南日报网站，http://hunan.voc.com.cn/xhn/article/201906/201906260646539406.html。

[②] 张锐：《人福医药：十年非洲情，开启药品"马里造"》，载光明日报网站，https://difang.gmw.cn/hb/2020-06/16/content_33916425.htm。

展上下游配套产业链,推动埃塞俄比亚当地医药产业乃至整体国民经济的持续发展。①

案例3:中车株机到南非造机车,成为中国高端制造"走出去"的亮丽名片

中车株机走进南非并非一蹴而就。从2005年到2010年,株机主要依赖海外订单出口电力机车产品,城轨以及动车组产品尚未实现突破。随着"一带一路"建设的推进,公司按照"全球化思维、本土化运作"的原则,着力提升全球资源的整合能力,从单一的轨道交通装备产品出口,转变为"产品+技术+服务+资本+管理"的综合输出,实现了到南非造机车的国际化之路。中车株机与南非国有运输集团(Transnet,以下简称南非国运)在三大板块的业务开展情况。第一,向南非国运出口电力机车整车,助力南非铁路货运装备升级改造:2012年中标95台20E型四轴窄轨机车,其中出口整车10台;2014年中标100台21E型四轴窄轨机车和359台22E型六轴窄轨机车,两种型号机车各直接出口整车40台。第二,与南非国运开展深度合作,实施本土化经营战略,带动南非装备制造业升级。在上述三标电力机车购买合同中,南非国运在中车株机的技术指导下,承担了除90台出口订单外的所有机车的组装工作。2014年底,中车株机

---

① 张锐:《人福医药:十年非洲情,开启药品"马里造"》,载光明日报网站,https://difang.gmw.cn/hb/2020-06/16/content_33916425.htm。

与南非国运在比勒陀利亚组建合资公司 CRRC-Tansnet Rail（CTR）。合资公司总投资2.96亿兰特，中方占股55%，并将依托中车株机的设计、南非国运的制造等优势资源，深度开发南部非洲轨道交通市场。第三，向电力机车生产制造的上下游领域拓展，积极寻找新的业务增长点。2016年，中车株机与南非国运签署针对上述总计554台电力机车的12年维护保养业务合同，中车株机将在员工培训、技术指导、配件供应等方面提供支持。中车株洲电力机车有限公司能够在南非成功扎根，得益于企业创新管理、提质增效方面积累形成的诸多成功经验。在南非电力机车项目上，株机公司先后派出60批，共360多名涵盖技术、生产、物流指控等领域的员工全方位开展技术援助，为其顺利完成了本地化的生产任务，同时也满足了整个合同的执行任务。在电力机车上线之后，以其卓越的性能和高可靠性，不断刷新矿物运输线周转量，为业主创造了更多价值。

（2）依托资源禀赋，努力提升当地深加工能力的农业合作。农业是众多非洲国家的主导产业。农业资源非常丰富，拥有世界25%的可耕地，但农业生产落后，农业产出却仅占世界的10%。尤为重要的是，非洲大陆一直遭遇缺粮的困扰，经济作物也大多以初级产品的形式外销欧美，亟须提高粮食自给率和延长农作物的产业链。为此，非盟在"2063愿景"中指出，至2025年，非洲计划将消除饥饿现象并使贫困人口减半；农作物产量、农业生产率以及农产值都要大幅提升，以保障非洲的粮食安全。非洲国家为解决粮食安全、减少贫困，一直在呼吁国际社会加大在农业领域的合作力度，以此推进农业现代化进程。中国与非洲的农业合作大多依托非洲农业资源优势，除了提供粮食和农业技术援助之外，还在非洲投资了一些延长产业链的出口导向型项目，涉及水稻、棉花、可可、橡胶、甘蔗、剑麻等作物的种植和加工，以及养鸡、养羊、海产养殖和加工等领域，取得良好的经济和社会成效。

案例1：助力马达加斯加提高粮食产量的杂交水稻本土化发展项目

非洲第一岛国马达加斯加有着悠久的水稻种植历史，大米是当地人的第一主食。但是由于该国水稻稻种退化严重，单产每公顷仅为3吨，导致粮食缺口日益扩大，每年需要进口40万吨大米弥补缺口。2006年，中非合作论坛北京峰会上宣布设立10家援非农业技术示范中心的举措，采取先援助后投资的合作模式。其中，湖南农科院承担的马达加斯加农业示范中心就是其中一家。2007年开始，湖南省袁氏国际农业发展有限公司开始派农业技术专家到马达加斯加农业示范中心推广杂交水稻种植技术，希望杂交水稻技术在造福中国的同时，也能造福非洲。农业示范中心引进的112吨优良种子在该国22个大区推广后，最高单产为每公顷12吨，平均单产每公顷6吨，远高于当地产量。当地农民看到杂交水稻的高产后积极要求种植。于是袁氏国际公司开始在马国扩大投资，采取"公司+政府+农户"的模式，在马达加斯加11大区中种植中国的杂交水稻，累计种植面积超过75万亩，累计增产稻谷15万多吨，为解决当地温饱、提高粮食产量做出积极贡献。目前马达加斯加已经成为非洲杂交水稻种植面积最大、产量最高的国家，并成为首个实现杂交水稻育种、制种、种植、加工和销售全产业链发展的非洲国家。

案例2：非洲棉花产业投资案例

棉花是一些非洲国家重要的经济作物、主要的收入来源。但由于品种退化、种植方式落后和工业化加工水平低下，非洲各国的棉花产品大部分仍停留在低品质的初加工状态，产品附加值低，创汇能力差，极大地制约了非洲各国棉花产业的发展，进而影响到整体经济水平的提高。2009年，为落实中非合作论坛2006年北京峰会提出的对非八项举措，由青岛瑞昌棉业、青岛汇富纺织、中非基金三方共同出资，在香港注册成立中非棉业发展有限公司（简称"中非棉业"）。中非棉业在进入马拉维、莫桑比克、赞比亚、津巴布韦等国家后，积极致力于非洲棉花育种、种植、收购、加工，棉籽油生产、纺纱等全产业链建设。在生产经营方面，中非棉业建立了"公司+农户"的合同种植模式，与农户签订种植、管理、收购一条龙合同，保障农户的种植利益，逐步提高当地农业的自我发展能力。在管理方面，建立了"三级服务体系"，从地区到村，设有三个层级的技术推广服务人员，为其配备皮卡车、摩托车、自行车，负责对农户进行技术培训、全程管理服务。在推动优势产能"走出去"方面，联合国内最大国有纺织企业天津天纺共同投资4000余万美元在马拉维建设一座7万锭的纺纱厂。与中国能源建设股份有限公司成立联合体，在马里建设2家纺纱厂、3家棉花加工厂及配套的发电站。截至2018年，中非棉业通过企业自筹的方式累计投资6472万美元，在赞比亚、马拉维、莫桑比克、津巴布韦、马里等国设有7个轧花厂、2个种子加工厂和2个榨油厂。通过棉花种植与投资设厂，中非棉业在非洲年产良种6000余吨，收购籽棉10万余吨，榨油6000余吨，纺织产品出口到周边国家和国际市场，年创汇超6200万美元，利用土地数十万公顷，惠及20余万户棉农，100多万人为此受益。目前，中非棉业雇佣当地各级经理1300多人，工厂员工2000余人，各类临时性员工7000余人，全面实现了用工的本土化。

(3) 努力将资源优势转化为发展优势的能矿业合作。①矿业合作。矿业是许多非洲国家的支柱性产业，也是中国对非洲产能合作的重要领域。截至2019年底，中国对非洲矿业投资存量为110.2亿美元，占中国对非投资存量的24.8%，高居中国对非直接投资行业的首位。

众所周知，中国矿业企业走向非洲较晚，非洲的优质矿产资源早已被欧美老牌矿业公司所控制,为此中国与非洲国家的矿业合作采取绿地和并购两种方式介入。近年来,随着中国"一带一路"倡议的推进,一些资金实力雄厚的中国矿业企业围绕国家稀缺资源品种,加大海外布局的力度,从西方或非洲本土矿企手中大股比购买矿山资源的案例较多,选择在产矿山的案例较多。例如,洛阳钼业联手刚果(金)开发世界级铜钴资源;与此同时,中国企业还大量参与非洲的绿地类探矿采矿项目,争取勘探开采权。例如,中广核联合中非发展基金收购纳米比亚湖山铀矿项目。另外,在跨国合作方面,中国的企业也有新的收获。例如,"赢联盟"模式的创立,推动了几内亚铝土矿的出口。再者,中国工程企业在工程项目建设过程中也在探寻矿业投资机会,开创并尝试"项目换资源"的投资合作模式。

案例1:洛阳钼业在刚果(金)开发铜钴资源

位于中部非洲的刚果(金)是非洲最不发达的国家之一,但矿产资源极其丰富,种类齐全,被称为世界地质博物馆,素有"世界原料仓库""中非宝石"和"地质奇迹"之称。其境内蕴藏矿产资源有石油、煤炭、铀等能源矿产,铜、钴等许多矿产资源的储量居世界前列。由于经济不发达、资金短缺,本国开采能力及手段较为落后,优质资源尚未得到充分开发。进入21世纪,尽管刚果(金)国内政治经济发展不太稳定,但受世界大宗商品价格上涨周期吸引,该国依然是国际矿业企业海外拓展极具吸引力的投资场所。洛阳钼业从事基本金属、稀有金属的采选冶及矿产贸易业务，是中国国内为数不多的、拥有 A+H 两地上市平台（SH 603993，HK 03993）的矿业类上市集团。近些年来，洛阳钼业按照国际化发展的公司战略，积极响应和融入国家提出的"一带一路"建设布局，在澳大利亚、刚果（金）、巴西等国寻求和建立了多个极为优质的矿产资源供应基地，成为国际产能合作的建设者和受益者。

2016 年 5 月，洛阳钼业与美国自由港集团签署交易协议，收购其持有的位于非洲刚果（金）TFM 铜钴矿 56% 的权益，交易对价约 26.5 亿美元。项目于 2016 年 11 月完成交割，TFM 成为洛阳钼业间接控股子公司。2019 年 7 月，基于一系列协议部署，洛阳钼业又成功收下了 TFM 另外 24% 少数股东权益，控股比例由 56% 增加至 80%，进一步增强世界级优质矿山话语权。2020 年末，洛阳钼业再次出手，成功将刚果（金）的又一个优质资产 KFM 铜钴矿收入囊中，这一收购在助力公司增持铜、钴资源储备的同时，进一步巩固、提升中国公司在国际铜业、钴业的行业地位及话语权，符合国家矿产资源战略和公司发展规划，提升行业国际市场影响力。

TFM 业务范围覆盖铜、钴矿石的勘探、开采、提炼、加工和销售，拥有从开采到加工的全套工艺和流程，主要产品为阴极铜和氢氧化钴。截至 2020 年 12 月 31 日，刚果（金）矿区已探明铜矿石资源量 8.52

亿吨，铜矿石储量1.77亿吨，铜的平均品位2.1%。2020年全年，TFM出产了182597吨阴极铜。洛阳钼业TFM从铜矿尾矿中回收钴，拥有高效的铜钴资源湿法冶金回收利用技术，TFM的钴的平均品位为0.3%。2020年全年，TFM出产了1.54万吨钴金属量的氢氧化钴。刚果（金）国家矿业公司是TFM的另一大股东，在与洛阳钼业的合作开发中受益，借助中国先进的运营及管理经验提高了利用自然禀赋的效能。

案例2：中广核联合中非发展基金投资纳米比亚湖山铀矿项目

湖山铀矿项目是中国和纳米比亚矿业开发合作的旗舰项目。湖山铀矿位于纳米比亚中西部的纳米布沙漠地区，距海滨城市斯瓦科普蒙德约60千米，铀资源量约29.3万吨，是全球第三大铀矿。2012年，中广核铀业发展公司联合中非发展基金组成联合体，投资30亿美元成功完成纳米比亚罗辛南铀矿100%股权收购，后来改名为湖山铀矿。湖山铀矿年设计剥采总量1.4亿吨，开采矿石1500万吨，水冶厂设计年处理矿石1500万吨，生产八氧化三铀产品6500吨，总产量可满足30台百万千瓦级核电机组近30年的天然铀需求。2013年4月，矿建工作正式启动，2014年5月8日，铀矿剥采开工生产，2016年底，铀水冶厂开始生产俗称黄饼的八氧化三铀产品，此后产能逐步提升，2017年全年累计产量超过1000吨。

湖山铀矿是目前中国在非洲最大的单体实业投资项目，对保障中国核电站天然铀的稳定供应具有重要战略意义。2017年10月27日，纳米比亚湖山铀矿首批产品在上海港顺利完成通关，运往国内转化厂，不仅保障了我国天然铀供应，而且对增强中国在国际天然铀市场的话语权具有重要意义。与此同时，该项目投产后年贸易额达80亿纳币，不仅使中纳两国贸易额提高1倍，还将促使纳米比亚的出口增长20%，纳米比亚GDP增长5%。矿建期内，湖山项目将给当地创造6000多个直接就业岗位和8000多个间接就业岗位。项目投产后，将为纳创造2000多个长期就业岗位，使得纳米比亚矿业领域雇员人数增长约17%。[①]

②油气合作。非洲大陆蕴藏着丰富的油气资源，是世界八大产油区之一，在全球能源供应格局中占据一席之地。中国自1993年成为石油净进口国以来，石油对外依存度已从1995年的7.6%增加到2020年的73.5%。严峻的现实表明，中国只有加快实施开发利用海外石油资源的多元化战略，才能保障中国的能源安全。为此，日益受到国际社会广泛关注的非洲也就成为中国利用开发海外石油资源的重点地区之一。2019年，中国进口原油50723万吨，其中从非洲进口9245万吨，占比18.2%。进口天然气1325亿立方米，

---

① 《国际社区公益》，载于中广核集团官方网站，http://www.cgnpc.com.cn/cgn/c101061/two_lm_tt_cs.shtml，登录时间：2021年3月17日。

其中从非洲进口液化天然气（LNG）46亿立方米，占比3.5%。①

目前，中国与非洲国家的石油合作除了石油贸易外，也有一些石油公司跻身非洲苏丹、乍得、尼日尔、尼日利亚、安哥拉、刚果（布）、埃及、阿尔及利亚、赤道几内亚等国进行石油勘探与开发，取得了可喜的合作成绩。据悉，中国石油企业在过去的20多年里在非洲累计权益投资800亿美元以上，建成年产1.1亿吨原油生产能力。② 值得指出的是，中国石油企业不仅仅局限于原油的勘探与开采，而且注重开展全产业链的合作。中国石油企业在苏丹、乍得、尼日尔、尼日利亚等国的合作范围涵盖上游勘探开发、中下游的管道建设、炼厂建设与运营、成品油终端销售等环节，取得显著成效。除了中石油、中海油、中石化等央企在非洲开辟石油市场外，地方国企、民企也大展身手，为延长非洲的产业链和护佑国家能源安全积极拓展业务。例如，位于广州的南方石化集团在刚果（布）投资的佳柔油田项目，分南北两个区块，其中南区块一期计划投资20亿美元，建成年产原油400万吨的油田，同时还将陆续建设原油处理厂、发电厂、环保处理厂、伴生气处理厂等配套项目，提升油田开发附加值。保利协鑫集团积极布局东非油气产业，从"埃塞俄

---

① 干方彬：《非洲自贸区启动背景下的中非油气合作前景探析》，《中国石油企业》2021年第3期。

② 李小松：《中国石油在非洲实现互利共赢》，《中国石油报》2018年9月4日。

比亚—吉布提石油天然气项目"中成功开采出埃塞俄比亚历史上的第一桶原油。目前，该项目建设规模正在进一步扩大，完善油气管道等基础设施，预计建成后，可以年产 300 万吨 LNG，远期扩展至 1000 万吨年产规模。

案例 1：中石油助力乍得建设石油工业体系

乍得政府邀请中石油帮助开发本国石油资源，是受到中石油帮助苏丹快速建设完整的石油工业体系的业绩，中石油也再次在乍得复制和推广了"中国速度"。2007 年 4 月，中国石油喜获高产商业油流，实现"零"的突破。此后 15 个月，一座现代化的百万吨油气处理装置崛起；随后仅 18 个月时间，乍得第一府建立了完整的石油工业体系。乍得结束了长达半个世纪的"进口成品油"的历史。乍得石油和能源部表示，乍得有 12 家外国石油公司，其中中国石油投资最多、规模最大、上缴的利税最高，社会贡献也最大。截至 2018 年底，中国石油累计为乍得政府缴纳各类税费 20.3 亿美元，累计提供 3 万多个就业机会，聘用当地员工 5200 多人，本土化率超过 70%。[①]

案例 2：中石油尼日尔全产业链开发项目

实现能源独立是尼日尔人民的多年夙愿，但尼国的石油征程一直困难重重。直到 2008 年 6 月 2 日，中

[①] 《从乍得 2.2 期油田工程投产回看中乍能源合作》，中国石油新闻中心，2019 年 6 月 25 日，http://news.cnpc.com.cn/system/2019/06/25/001734158.shtml。

石油集团公司与尼日尔政府签订了开发当地"阿加德姆石油勘探区块"上下游一体化合作项目，尼日尔的石油开发梦想才得以实现。2008年，由公司承担的尼日尔阿加德姆区块三维地震采集项目（一期）进展顺利。2009年，阿加德姆区块一期100万吨/年油田地面工程、津德尔炼厂和输油管道项目全面启动，进入工程建设期。2010年，原油输送管道全线主体焊接完工，设计输油能力100万吨/年。津德尔合资炼油厂建设工程全面进入安装阶段。2011年11月28日，与尼日尔能源部合资建设的津德尔炼油厂顺利投产，标志着尼日尔阿加德姆上下游一体化项目一期工程全面投入运行。中石油在2008—2011年短短的3年间，投资50亿美元，在撒哈拉沙漠腹地建成了年产100万吨原油的生产基地、462千米输油管道和一座现代化炼油厂。2011年10月1日，尼日尔一体化项目原油销售协议、成品油销售协议正式签署。2013年3月27日，与台湾中油股份有限公司签署《尼日尔阿加德姆（Agadem）区块勘探许可联合作业协议》和《中东阿曼原油及西非低硫原油供应长约》。8月29日，双方签署了关于尼日尔阿加德姆（Agadem）区块权益转让交割确认书。截至2017年，中石油尼日尔项目为资源国贡献的税收，占尼日尔国家财政收入约1/10，占国民生产总值约1/8。[①]中石油在尼日尔的项目为当地累

[①] 李小松：《中国石油在非洲实现互利共赢》，《中国石油报》2018年9月4日。

计直接提供就业岗位7000多个，先后选派尼方员工和石油部官员近200人赴中国及其他国家进行专业学习，累计岗位技能培训3000多人次。

（4）电力产业的投资合作。电力发展是非洲由原料供应中心向制造中心转变的前提条件，但是非洲电力供应明显不足，投资缺口巨大，严重阻碍非洲工业化进程。而中国在电力领域具备成熟、廉价、适用的技术、设备和建设水库大坝的施工队伍，故而电力行业成为中非产能合作和装备"走出去"的重要领域。中国企业不仅在非洲建设了众多的水电站、火电站、光伏电站、风电，强化了非洲电力设施的硬件水平，另一方面也在非洲国家直接投资建设电厂，使得非洲国家的发电结构更加多元。

电力合作案例1：深圳能源投资加纳安所固电厂项目

加纳是非洲大陆经济增长较为迅速的国家之一，但同样面临电力短缺制约。如果加纳现有装机容量没有显著增长，到2022年，电力供应缺口将达1500兆瓦。为了满足不断增长的用电需求，加纳亟须建设新的发电厂和输配电设备。2006年，加纳Togbe Afede XIV酋长访问考察深圳市能源集团有限公司（简称"深能源"）时向企业方面介绍了加纳电力供应紧缺状况和西非天然气管道建设情况，邀请深能源到加纳进行电力行业的考察和投资。时年11月，深能源集团与加纳有关部门举行会谈，提出利用西非管道天然气为燃料建设电站，在最短的时间内缓解加纳电力供应紧张状况的意向方案，得到了加纳方面的认可。

经过4年的筹划、评审和建设工作后，2011年，深能源投资的安所固电厂一期185兆瓦燃气联合循环发电工程顺利投产。运行第一年就提前49天完成全年发电任务，主要指标均达优。二期工程以一期项目公司为实施主体，在一期规划预留场地上进行扩建，采用两套180兆瓦级"一拖一"燃气—蒸汽联合循环发电机组，总容量约360兆瓦。二期项目于2016年4月举行投产仪式，2017年3月开始发电。机组所用燃料为从尼日利亚进口的天然气，经由尼日利亚—加纳海底输气管道至电厂南侧的特马门站。电厂每年发电量可达30亿千瓦时，可满足加纳25%的用电需求，为加纳经济发展提供了有力保障。

加纳安所固电厂项目之所以成为中国电力行业投资非洲的成功案例，主要因为是深圳能源利用国内的2套闲置的电机组，以直接投资的方式帮助加纳增强了供电能力，是真正实现中非产能良好合作的项目。项目对缓解加纳的电力紧缺状况和促进当地经济发展起到了举足轻重的作用。一期项目供电量约占加纳全国供电量的12%—15%，直接惠及200万人；二期工程的建设进一步满足加纳经济增长对电力的需求，为加纳电网调峰和整体经济增长提供保障。不仅建设工程中钢筋、钢板、木材、水泥和部分建筑机械在当地采购，而且聘用当地工人，有利于促进当地就业和改善民生。电厂得到了加纳两任总统的高度评价,并成为非洲电力行业的样板工程,多哥、贝宁、尼日利亚、南非等国相关政府部门等先后实地考察取经。

经验与启示。①明晰产权,应对土地权利纠纷。项目一期原厂址在完成土地测量工作准备开工建设的时候其土地权利被他人主张,导致工厂不得不更换厂址,造成了严重经济损失。究其原因,一是因历史遗留问题及政权更替导致的土地产权纠纷在加纳较为常见,二是项目公司与当地居民签署的土地租赁协议未在当地土地管理局进行登记,存在法律瑕疵。在项目二期的投资评审过程中,投资方吸取教训,要求项目公司在出资前解决建设用地的土地权属问题,在确保产权明晰后才开始土地测量和动工建设,有效解决了土地权属问题。②安排额外建设预算,应对非洲原材料及配套设备缺乏。在工程建设过程中,项目遇到了当地劳工工作效率较低、当地建设材料和设备供应少、价格高昂、设备通关手续繁复等问题。此外,当地不具备装卸运输大型发电和工程设备的基础设施条件。为了防止这些问题进一步拖延项目进度,项目公司在原来1.5亿美元的建设预算基础上,追加5000万美元左右的投入备用。③协调临时气源以应对天然气气源供应不到位。加纳电厂计划阶段预计采用来自尼日利亚天然气公司的天然气,由西非天然气管道公司建设运营管道。但是,项目公司在开工建设时只与西非天然气管道公司表达了购气意向,并未直接与尼日利亚天然气公司正式提出购气,也没有签订任何购气协议。项目于2010年初完工后,气源没有到位,造成了巨大的经济损失。在加纳能源部门的直接干预下,项目公司于2010年9月从加纳沃尔特河管理局获得了临时气源,进入了试生产阶段。④股东协助获取贷款支持,获得流动资金。由于上述问题导致项目资金紧张,影响了项目一期的正常建设运营,总流动资金缺口达2000万美元。作为股东方的中非发展基金和深能源分别以股东贷款和股东提供担保等方式,协助项目公司获得贷款,解决了流动资金不足问题。⑤增设中间平台公司,优化海外股权架构。一期项目在进行股权架构设计时,没有在项目公司和股东间设置海外中间层,导致分红等资金需汇回国内,汇回成本较高。二期项目开发中,在中非发展基金建议下,深能源和基金分别在海外设立合资公司作为中间平台,优化了项目股权架构,以便股东收益回收、上市和税务发展规划。另外,未来考虑合资公司海外上市的时候,可选择在中国香港、伦敦、新加坡等离岸地上市。⑥梳理风险点,落实购电、供气核心协议。项目实施过程中,中非发展基金配合深能源,梳理经营风险,审查项目公司关于购电、供气等关键协议,并亲自参与协议谈判,为项目公司及股东方争取合理利益,并有效降低了项目运营风险。购电协议方面,本项目采用轻质原油作为备用燃料,但购电协议初稿没有轻油发电时的电量电价计算公式。这将导致电站使用轻油或油气混合发电时,难以计算电价,容易产生合同纠纷。在中非发展基金风险提示和积极争取下，最终协议完善了相关条款，明确轻油发电时的计价公式，避免了合同纠纷。

（四）中非产能合作实施效果评估

前文以大量的案例表明，中国在非洲的产能合作效果是积极的，对于满足非洲大陆日益增长的需求和促进区域经济发展至关重要，[1] 中国基础设施贷款通过降低基础设施相关成本、提供商业机会，对非洲国家的创业起到了良好的促进作用，[2] 而且随着时间的推移，中国对非洲的产能合作不仅实现了量的增长，而且也伴随着质的提升，为推动非洲工业化、一体化、城市化和绿色可持续、改善民生做出了实实在在的贡献。

1. 中非产能合作助推了非洲的工业化进程

一是中国企业在非洲建设了一些产业投资的平台。截至 2020 年底，在中国商务部备案的中非经贸园区 25 个，吸引了超过 623 家企业入园，累计投资 73.5 亿美元，雇用本地员工数万人，形成了一批装备制造、轻工纺织、家用电器、资源深加工等产业集群。通过这

---

[1] Richard Schiere and Alex Rugamba, *Chinese Infrastructure Investments and African Integration*, African Development Bank Working Paper Series No. 127 – May 2011, p. 18.

[2] Jonathan Munemo, *Do Chinese Infrastructure Loans Promote Entrepreneurship in African Countries？* Working Paper No. 2021/46. China Africa Research Initiative, School of Advanced International Studies, Johns Hopkins University, Washington, DC.

些经贸园区的建设，不仅降低了中国制造业对外投资的风险，提高了制造业对非投资的集聚效应，极大地提升了当地的工业化水平和产业配套和出口创汇能力，提高非洲自身的"造血"功能。二是中国企业在非洲投资延长了工业、农业等产业链条。比如，中国企业在坦桑尼亚投资的现代农业产业园，初步形成棉花种植、纺织、制衣的全产业链；在塞内加尔，中国企业建立了完善的水产品捕捞、加工生产线；在科特迪瓦，中国企业建立了橡胶种植、加工一体化项目。

2. 基础设施合作快速提升非洲一体化和城市化水平

中国企业积极参与非洲基础设施建设，成为非洲基建领域中最令人瞩目的生力军。2000年10月至2018年6月，中国共参与了非洲逾200个基础设施项目，其中高速公路总里程约3万千米，铁路总里程约2000千米，港口吞吐量约8500万吨/年，净水处理能力超过900万吨/日，发电量约2万兆瓦，输变电线路长度逾3万千米。① 2021年约翰斯·霍普金斯大学中非研究中心的研究报告《中国基础设施贷款是否促进非洲创业》（*Do Chinese Infrastructure Loans Promote Entrepreneurship in African Countries*）报告证实，2006—2018年间中国对非洲国家基础设施贷款快速增长，通

---

① 德勤：《2018年非洲基础设施建设市场动态》，网络版，第21页。

过降低基础设施相关成本、提供商业机会,对非洲国家的创业起到了良好的促进作用。①

(1) 跨区域骨干路网的建设提高了生产要素的流动性、可达性,直接减少了运输距离、降低了运输成本,促进了非洲区域发展一体化。例如,蒙内铁路是东部非洲铁路整体规划的大动脉,未来还将连接乌干达的坎帕拉、卢旺达的基加利、布隆迪的布琼布拉以及南苏丹的朱巴这4个内陆国,蒙内铁路的通车不仅带动了沿线经济发展和蒙巴萨港年货物吞吐量的上升,实现了东非地区的互联互通,而且缓解了连通蒙巴萨和内罗毕两地的公路运输压力,降低了物流成本,带动了当地就业,提高了当地人民的生活水平。而蒙巴萨港、拉姆港、巴加莫约港、马普托港等诸多港口项目几乎都与重要的铁路或公路连通,且在周边布局临港工业园,提振了这些国家的互联互通、物流效率和出口能力。中国在吉布提建设集装箱码头的基础上又投资建设新码头,为将吉布提建设成为东非地区物流中心创造了有利条件,尤其是中国军港的建设将起到震慑海盗,维持非洲稳定发展的重要作用。而亚吉铁路成为连接埃塞俄比亚和吉布提两国的重要交通干线;本格拉铁路全长1344千米,将打通大西洋至印度洋的

---

① Jonathan Munemo, Do Chinese Infrastructure Loans Promote Entrepreneurship in African Countries? Working Paper No. 2021/46. China Africa Research Initiative, School of Advanced International Studies, Johns Hopkins University, Washington, DC, https://static1. squarespace. com/static/5652847de4b033f56d2bdc29/t/6092c9e45d109073f56c2089/1620232676786,/WP + 46 + % E2% 80% 93 + Munemo% 2C + Jonathan + % E2% 80% 93 + Chinese + Infrastr + Loans + African + Entrepreneurship. pdf, 2021年10月31日。

国际铁路大通道，政治与经济意义显著。值得指出的是，新冠肺炎疫情期间，亚吉铁路、蒙内铁路发挥了积极作用，保障集装箱和散杂货运营，确保化肥、药品、粮食和其他民生保障物资的运输，得到了相关方面的高度肯定。

（2）提升非洲能源供给能力，大幅提高能源供给，改善能源结构，降低能源成本。为解决非洲国家生产生活用电紧张问题，中国企业积极跻身非洲电力建设。2010年至2017年，中国在非洲建设了卡鲁玛水电站、宗格鲁水电站、苏布雷水电站等15座大型水电站，为非洲提供了17GW装机容量。2018年中国公司获总承包额为58亿美元的尼日利亚塔巴亚州的3050兆瓦的蒙贝拉（Mambilla）水力发电项目，据悉该水电站建成后将是尼日利亚甚至非洲大陆最大的水电站。中国在非洲建设的水电站、火电站再加上一部分风电、光伏发电设施，极大地提升了非洲的能源供给能力，同时改善了能源结构，并降低了非洲对石油能源的依赖，降低了电费、降低了产品成本，实现了环保，提高了对域外制造业的吸引力。

（3）公共服务设施项目建设，推动了非洲城市化进程，惠及了民生。非洲公共服务建设落后，很多人都因为喝不上干净的水而感染疟疾，全非洲每年约40万人死于疟疾。中国为非洲建设了一批供水工程，如埃塞俄比亚—吉布提跨国供水项目，解决吉布提61万人民（占全国人口65%以上）的饮用水问题；安哥拉马萨尔水厂修复和扩建，为周边100多万居民提供了卫生优质的水源，改变了当地居民用水难的局面。同时，中国在非洲建设了诸多城市公共服务设施和商业设施，这些设施大部分成为当地的标志性工程，如埃及新行政首都的 CBD 标志塔、阿尔及尔大清真寺、坦桑尼亚姆旺扎城市购物中心、莫桑比克马普托跨海大桥等大型建筑工程。这些民生工程和商业设施的建设，快速提升了非洲的城市化水平。据非洲开发银行统计，2000—2014 年，非洲的城市化率提高了 7 个百分点，2014 年非洲的城市化率已达到 40%，2035 年将达到 49%，到 2050 年将攀升至 56%。[1]值得指出的是，中国在非洲建设的工业园也通过带动城镇工业发展和消费，成为促进非洲城镇现代化发展的可行路径，埃塞俄比亚首都亚的斯亚贝巴就是一个鲜活的案例。

（4）提高非洲信息化水平，促进数亿非洲民众进入数字社会。2020 年，非洲发展银行（AFDB）发布的非洲基础设施发展指数中，其中信息通信基础设施指数是包含了移动电话使用率、固定宽带使用率、网络带宽能力等指标的综合指数。报告显示非洲各国的信息通信基础设施平均指数从 2018 年 16.67 到 2020 年的 20.19，呈现不断提升的趋势。[2] 国际电信联盟（ITU）发布的《2021 年非洲数字趋势》报告指出，

---

[1] African Development Bank, *African Economic Outlook 2016*, p. 146. May, 2016, https://www.afdb.org/en/documents/document/african-economic-outlook-aeo-2016-88787, 2020 年 11 月 7 日。

[2] African Development Bank, "The Africa Infrastructure Development Index 2020", July 2020. Retrieved from https://www.afdb.org/fileadmin/uploads/afdb/Documents/Publications/Economic_Brief_-_The_Africa_Infrastructure_Development_Index.pdf.

2017—2020年间，非洲固定和移动宽带市场都呈现出增长势头，非洲互联网普及率从2017年的24.8%提高到2019年的28.6%；2019年GSM移动信号覆盖率达88.4%，略高于现在处于3G信号的范围内的人口比例（77%），还有44.3%的人口处于长期迭代的（LTE）移动宽带信号范围内。[①]

非洲越来越多的民众进入数字社会，离不开中国企业的助力。以华为、中兴、传音为代表的数字企业已经在非洲深耕20年，并在信息通信设备和技术、手机领域形成两块"数字根据地"，为非洲信息化建设做出了巨大的贡献。例如，华为是非洲最大的通信服务供应商，也是非洲第一家提供5G服务的公司，它在非洲部署了超过一半的无线基站，超过70%的LTE高速移动宽带网络，以及超过5万千米的通信光纤。南非国际事务研究所专家科布斯·范·斯塔登这样评价华为，"华为是非洲市场上一个地位独特的合作伙伴。华为销售从海底电缆到移动电话等可靠的产品，并能提供有中国政府支持的有吸引力的融资"。中兴的产品和服务遍布50多个非洲国家，共有33个代表处和超过1000名员工为政府、企业、运营商、客户建设通信网络。

正是中国公司提供了物美价廉的设备和高质量的服务，使得非洲通信服务覆盖率和服务水平快速提升，

---

① ITU, *Digital trends in Africa 2021*, p.4. Digital trends in Africa 2021 – My ITU, 2021年10月31日。

并在非洲掀起了一轮以手机和移动互联网为带动的消费升级,也吸引了国际上的其他通信设备供应商落户非洲,提升了非洲的产业层次,为非洲数字化发展提供了主要动力。

3. 中非产能合作协同非洲绿色发展

非洲是世界上温室气体排放量最少的大陆,但是却承受着气候变化带来的严重后果。为此,非洲在敦促发达国家履约的同时,也强烈要求国际投资者在非洲的投资合作要严格遵守环保义务等社会性条款,避免重蹈因输入"落后产能"带来大量排放温室气体的传统工业化道路。中国企业在非洲的产能合作力争朝着包括能源和矿业在内的产业合作中的碳中和、经贸合作区建设中的碳达峰要求前行。中石油不仅将苏丹喀土穆炼油厂打造成了花园式炼油厂,而且尼日尔石油开发项目也致力当地绿色发展,不断探寻绿色植被种植方法。截至2018年中,公司已累计植树十多万棵,存活率达到80%,受到尼日尔政府和社会各界高度赞扬。另外,中国在非洲建设的大量基建项目也瞄定相关的社会环保等条款进行合规达能建设。中国公司主动采用高新技术进行控制污染、清洁能源开发、动植物及水源的保护,支持非洲绿色和可持续发展。例如,亚吉铁路建设过程中在爆破工点采用控制爆破技术,减少对周边建筑物的振动影响;在穿越国家森林公园时,采取平立交方式,预留出野生动物穿行通道;在城镇及居民密集区设置桥涵立交或平交道口,并安设防护栏，避免意外事故发生。刚果（布）1号公路一期项目要穿越马永贝原始森林，为减少对森林的侵占和破坏，全线路设计走向基本上沿着原有1号公路的土路进行。一期项目160千米线路中，仅对10%左右路段进行新的线路调整设计。中建五局施工的1—2项目56千米的森林路段，按平均用地宽度25米计算，每1000平方米砍伐树木仅3棵。二期工程砂性土施工长达117千米，占二期工程里程的近70%。项目还采取修建蒸发池、边坡种植香根草等措施防止水土流失。

4. 中非产能合作助力民生改善，提高能力建设

一是中国企业在非洲创造了大量的税收和就业岗位。中国企业聘用非洲本地员工的比例高达89%，直接和间接地创造了数百万的就业机会，中国埃及苏伊士经贸合作区为当地创造税收1.7亿美元，直接解决就业约4000人，产业带动就业3万余人。中国在非洲的基础设施项目累计为非洲创造就业岗位超过450万个。① 二是中国对非投资带动技术转移。超过50%的中国企业为当地员工提供了技能培训。在乌干达，4名中国年轻人设立了培训机构，通过技能培训一年内帮助2000人实现就业，18人实现创业。在埃及，中国企业成立了ICT学院，并举办ICT大赛，当地参赛学生高达8000多人次。三是中国对非投资正向新兴领域

---

① 《国新办举行中非合作论坛第八届部长级会议经贸工作发布会》，2021年11月17日，中国国务院新闻办公室，http://www.scio.gov.cn/xwfbh/xwbfbh/wqfbh/44687/47414/wz47416/Document/1716381/1716381.htm。

拓展。目前，已有数十家中国企业在非洲数字经济业务达到一定规模。主要分布在尼日利亚、南非、埃及、肯尼亚等数字化发展较为活跃的国家。其中在电子商务、移动钱包、媒体娱乐、交通物流等领域。如阿里分别与卢旺达和埃塞俄比亚签署了 EWTP（Electronic World Trade Platform）协议；阿里、腾讯、美团等企业参投尼日利亚、肯尼亚等移动出行平台；滴滴出行进入南非市场；字节跳动的短视频平台 TALK，传音和网易携手打造的短视频产品 VSKID 和音乐流媒体平台 BOOMPLAY 都在非洲市场取得了不俗的业绩。

四　中非产能合作的新挑战与新机遇

2020年突发的新冠肺炎疫情不仅使非洲国家经济社会陷入生存与发展的困境，而且给蓬勃发展的中非经贸合作造成严重的冲击。短期内，中国对非洲工程承包、双向贸易、投资合作都面临着下行的风险，中国企业在非洲的投资运营举步维艰。但从长远来看，新冠肺炎疫情不仅没有改变中非经济结构互补的优势，反而激发中非双方携手共克时艰、创新各种经贸合作机制与模式的动力，凸显了中非合作的战略价值与示范意义，非洲仍然是中国投资者持续聚焦的大陆。

（一）新冠肺炎疫情严重冲击中非产能合作

据世卫组织非洲区域办事处统计，截至2021年10月31日，非洲大陆的新冠肺炎确诊病例已超过850万例（世界占比3.6%），超过21.87万人死亡，世界占比4.4%。① 由于新冠病毒检测率有限，非洲大陆的真实感染病例数可能高达5900万例。截止到2021年8月15日，已有30个非洲国家发现德尔塔变异毒株，44个非洲国家发现阿尔法变异毒株，39个非洲国家发现贝塔变异毒株，4个非洲国家发现伽马变异毒株。世卫组织当初计划到2021年9月底，全球每个国家有至少10%人口打上疫苗，但截至6月30日，非洲大陆的疫苗接种率仅占总人口数的2.66%。

1. 新冠肺炎疫情对中国经济社会发展的影响

2020年，新冠肺炎疫情作为一场突发的、全球性的公共卫生事件虽然对中国宏观经济造成了一定消极影响，但在以习近平同志为核心的党中央决策和部署下，中国却是全球主要经济体中唯一实现经济正增长的国家。中国国家统计局发布的《中华人民共和国2020年国民经济和社会发展统计公报》数据显示，中国经济增速从2019年的9%下滑到2.3%。其中，二、三产业受影响最严重。工业增速从2019年的4.8%下降到2.4%，建筑业从5.2%下降到3.5%；服务业从7.2%下降到2.1%。与此同时，2020年居民消费价格比上年上涨2.5%。② 新冠肺炎疫情对中国经济的合理

---

① WHO, *Outbreaks and Emergencies Bulletin*, Week 44: 25-31, October 2021, https://apps.who.int/iris/bitstream/handle/10665/347690/OEW44-2531102021.pdf, 2021年11月7日。

② 中国国家统计局：《中华人民共和国2020年国民经济和社会发展统计公报》，2021年2月28日，http://www.stats.gov.cn/tjsj/zxfb/202102/t20210227_1814154.html，登录日期：2021年5月17日。

增长和质的稳步提升提出严峻挑战的同时，也在抑制中国参与全球价值链的程度。

2. 新冠肺炎疫情消弭了多年来非洲经济社会发展成果

新冠肺炎疫情对奉行外向型经济的非洲国家经济也产生严重冲击，导致非洲大陆陷入50多年来最严重的衰退，国内需求和供给同步受挫，创汇和外资流入锐减，政府财政吃紧和外债攀升、非正常的政权更迭上升。面对严峻形势，非洲国家将防疫情、稳经济、保民生放在首位。在疫情暴发初期，普遍重视疫情防控，采取多种措施，运用以往流行病防控应对经验及现有设施平台，大力开展国际抗疫合作，总体上非洲的疫情要好于预期。世界银行曾预测，2020年撒哈拉以南非洲地区经济将萎缩2.1%—5.1%，但实际只有2.4%；非洲开发银行曾预测整个非洲经济将萎缩1.7%—3.4%，实际只萎缩2.1%。尽管实际经济下行数据好于预期，但人均名义GDP下降10%，民生艰难。物价飞涨、失业恶化、贫困上升，疫苗接种率只有3%，到2022年才能完成60%的接种率，百姓宁愿病死也不愿饿死，政府努力寻求防疫情、稳经济、保民生的平衡点。

3. 疫情严重打击了非洲的可持续发展前景

2020年在经历了有记录以来最大规模的经济收缩之后，由于全球前景的改善、出口的增长和大宗商品价格的上涨，预计 2021 年非洲大陆的 GDP 总量将增长 3.6%。预计到 2024 年，非洲的人均收入才能恢复到危机前的水平。在南非，预计 2021 年 GDP 将增长 2.8%，但中期将会受到财政空间不足、失业率长期居高不下和电力持续短缺的制约。在高通胀和高失业率以及疫苗接种缓慢的支撑下，尼日利亚 2021 年的经济增长率将保持在 1.8% 的低水平，这将继续抑制消费者支出和企业投资。尽管埃及经济在 2020 年有所增长，但受国际旅游业缓慢复苏的影响，在截至 2021 年 6 月的财政年度，埃及经济将仅增长 2.1%。[①] 而且，非洲的前景被严重的下行风险所笼罩。疫苗接种进展是目前世界上最慢的，每 100 人只接种 1.2 剂疫苗。鉴于疫苗推出的缓慢步伐和新的病毒变种，新一轮的感染浪潮可能会引发新的封锁，并影响经济的短期恢复。由于食品价格上涨，一些国家的通胀压力正在上升，但总体通胀预计仍将保持温和。短期内，货币政策仍将在很大程度上保持宽松，以支持复苏。对于许多非洲国家而言，由于支出增加、收入减少，财政空间仍受到严重限制。此外，债务状况仍然极具挑战性，有 17 个国家陷入债务困境或极有可能陷入债务困境，其中乍得、埃塞俄比亚和赞比亚 3 个内陆国在新的 20 国集团框架下寻求债务减免。国际社会支持加强疫苗接种工作，解决流动性和偿付能力问题，对于避免一些

---

① Economic and Social Council, *World Economic Situation and Prospects as of mid-2021*, p.19, https://www.un.org/development/desa/dpad/wp-content/uploads/sites/45/publication/WESP2021_UPDATE.pdf, 2021 年 11 月 11 日。

非洲经济体陷入长期低增长/高债务陷阱仍然至关重要。根据20国集团暂停偿债倡议将暂停偿债期限延长至2021年12月，这提供了一些支持，但需要更多有针对性的债务减免和进一步的优惠融资。

4. 新冠肺炎疫情也使中非产能合作受到不同程度的冲击

2020年中非产能合作也受到疫情的冲击，主要指标也出现不同程度的下滑，但相较于非洲的其他经贸伙伴而言，中非经贸合作运行大体还算平稳，化危为机、提质增效任重道远。

（1）中非贸易受挫。2020年，中非贸易额1870亿美元，同比下降10.5%，其中，中国自非进口727亿美元，同比下降24.1%；中国对非出口1142亿美元，同比增长0.9%。2020年中国继续对非洲开放中国市场，非洲输华农产品金额同比增长4.6%，已连续4年保持正增长。2021年1—7月，中非贸易额1391亿美元，增长40.5%，达到历史同期最高位。特别是中国市场对非洲产品认可度不断提高，从非洲进口增长了46.3%，达到593亿美元，其中橡胶、棉花、咖啡等农产品进口量较上年同期翻了一番。值得注意的是，疫情加大中非贸易不平衡问题，非方贸易逆差从2019年底累计的136亿美元扩大到2020年底的552亿美元（占中非贸易累计总额2.47万亿美元的2.2%），中非之间在产品加工、计量、认证、检验检疫等方面的标准不对接引发的非关税壁垒问题，已经引起非洲国家的不满。

（2）投资合作存量减少。虽然2020年中国对非洲全行业直接投资流量额为42.3亿美元，较上年猛增56.7%，但是疫情下的对非投资存量项目生存艰难，一些企业破产，在非设立的境外企业从3802家减少到3549家，对非投资存量从2019年的443.9亿美元减少到434亿美元。企业数量和投资存量的减少说明已有一些中国企业破产或撤资。随着疫情在非洲的蔓延，企业的生产经营活动随着全球产业链、供应链的断裂、中非员工生命和健康遭遇严重威胁而出现部分存量项目停工甚至完全停滞的状况。包括埃及泰达园区、尼日利亚莱基自贸区在内都出现园区招商进展受阻、入园企业的日常经营出现半停产的状态；中国在非能源领域投资面临营收和利润双降压力；非洲国家货币对美元和人民币汇率持续贬值，中国在非企业面临项目估值下降和汇兑损失风险，部分企业的观望情绪有所上升。2021年1—9月，中国对非全行业直接投资流量为25.9亿美元，同比增长9.9%，已超过疫情前2019年同期水平。

（3）承包工程喜忧参半，营业额接连下降。2020—2021年中国在非洲承包工程新签合同额分别为679亿美元和779亿美元，同比增长分别为21.4%和26.1%，彰显中国企业对非洲承包工程疫后市仍抱有较强信心；但2020—2021年中国企业在非洲承包工程完成营业额继续下降，分别为383亿美元、371亿美元，同比下降分别为16.7%和3.2%。主要是疫情导致建材供应链断裂、用工紧张等导致工期延时、成本上升。更加令人担忧的是，随着新冠肺炎疫情在非洲国家的加速蔓延，一些非洲国家债务高企，出现因资金不到位而停建、缓建和拖欠工程承包商应收账款的问题，也引发中资金融机构坏账增多。

（4）加剧中非经贸合作结构失衡，提质增效和高质量发展迫在眉睫。我们从图4-1的中非经贸合作结构中，可以发现明显的结构失衡问题。即与中非贸易额、中国对非工程承包业绩相比，中国对非直接投资体量过小，处于短板和弱势地位，对非投资地位亟待加强。目前，新冠肺炎疫情又使中非经贸合作出现新情况。投资存量减少，工程承包受债务拖累，贸易的基础性地位重新受到重视，虽然以投资为引领的中非经贸合作转型升级的大方向不变，但短期内盘活存量、提质增效成为中非经贸高质量发展的首要任务。

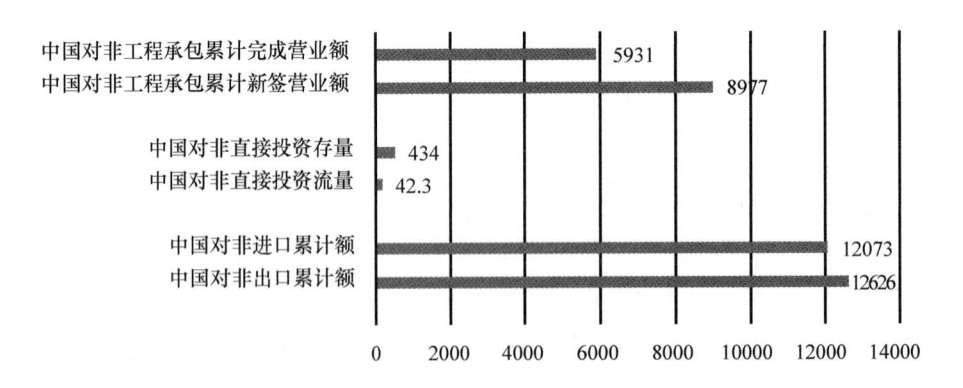

指标	数值
中国对非工程承包累计完成营业额	5931
中国对非工程承包累计新签营业额	8977
中国对非直接投资存量	434
中国对非直接投资流量	42.3
中国对非进口累计额	12073
中国对非出口累计额	12626

图4-1　2020年中国与非洲经贸合作结构（亿美元）

资料来源：笔者根据中国商务部相关年鉴数据编制。

（二）当前中非产能合作的难点与痛点

除了新冠肺炎疫情的冲击外，中非产能合作还遇到来自中国、非洲、国际社会等诸多方面的挑战，成为中非产能合作的难点与痛点。

1. 非洲国家的营商环境欠佳，合作风险上升

第一，部分非洲国家政局动荡导致政策的连续性、不确定性加大。国际合作经验表明，一个国家吸引外资的多少与该国投资环境和投资政策密切相关。而非洲大陆上的有些国家恰恰在政局稳定、政策连续性方面有不好的记录。例如，利比亚内战使得一些中国企业损失惨重；曾饱受诟病的津巴布韦本土化政策使外国投资者望而却步。虽然当前的非洲政治总体进入良性发展阶段，求和平谋发展的社会共识更加统一，"逢选易乱"问题有所改观。但非洲政治发展仍然面临痼疾挑战，随着老一代领导人进入政治生涯晚期，成为影响非洲国家政局稳定的不安定因素。2020年，几内亚和科特迪瓦的大选皆因"老人政治"问题引发政局动荡。另外，喀麦隆、加蓬、厄立特里亚、赤道几内亚等十多个国家的总统在位连续执政20年以上，有两个家族（父辞子承）持续掌权50年以上，已经进入必须让位的政治过渡期，权力能否平稳交接增加了维系中非传统友谊与产能合作的难度。2017年以来，津巴布韦、苏丹、阿尔及利亚先后出现执政"老人"在动

乱中下台的现象。例如，2018年12月至2019年4月期间，长达数月的反政府示威导致苏丹非正常权力更迭，并造成200多人死亡。再者，2020年3月29日和4月19日，马里举行的两轮议会选举因存在选举舞弊和选举暴力而遭到反对派抵制，政治局势出现动荡；2020年11月初以来，埃塞俄比亚爆发因联邦政府与提格雷州政府间政治纷争而导致的内战冲突已持续一年，近期内战，处于交战区的中国项目不得不因政治风险较高而撤离作业点。总之，中国在政局动荡国家的产能合作项目面临着政策不连贯，项目合同与政府违约风险、产业链和供应链市场风险、客户信用风险，以及社会与民族宗教风险。

第二，经济结构固化凸显，经济增长的波动性加大。非洲国家重视中长期发展规划，谋求经济多元化和自主可持续发展，但经济基础薄弱、结构单一固化、生产与消费脱节等沉疴痼疾难以根除。受全球经济增长乏力和大宗商品价格波动影响，非洲经济2014年起明显减速，2020年在疫情冲击下更是经历20多年来首次衰退。疫情严重打击了非洲的可持续发展前景，加剧了失业、贫困和不平等。2021年非大陆的GDP总量增长3.6%。预计到2024年，非洲的人均收入才能恢复到危机前的水平。[①] 在南非，2021年GDP增长2.8%，但中期将会受到财政空间不足、失业率长期居

---

① United Nations, *World Economic Situation and Prospects as of mid-2021*, January 2021, https://www.un.org/development/desa/dpad/wp-content/uploads/sites/45/publication/WESP2021_UPDATE.pdf，2021年5月13日。

高不下和持续电力短缺的制约。在高通胀和失业率以及疫苗接种缓慢的支撑下，尼日利亚2021年的经济增长率保持在1.8%的低水平，这继续抑制消费者支出和企业投资。尽管埃及经济在2020年有所增长，但受国际旅游业缓慢复苏的影响，在截至2021年6月的财政年度，埃及经济将仅增长2.1%。疫苗在非洲的接种进展是世界上最慢的，每百人只接种1.2剂，这对非洲的发展造成重大下行影响。考虑到疫苗推广的缓慢步伐和病毒的新变种，新一波的感染可能会引发新的封锁，并影响近期的复苏。

第三，本币贬值风险较高，中国在非项目收益受损。大多数非洲国家一直存在外汇短缺的问题，尤其在美元加息和大宗商品价格下跌、外债攀升的背景下非洲外汇市场承压严重。2017年，非洲有30多个国家的货币贬值。尤其是几个经济大国的外汇贬值严重。在外汇极度短缺影响国内经济正常运行的背景下，埃及央行于2016年11月放弃固定汇率制，让埃镑根据市场供求自由浮动，之后埃镑进入快速贬值通道，通胀率从2015/2016年的10.3%上升到2016/2017年的23.3%。南非兰特对美元汇率呈短期波动态势，2016年1月至2017年7月，南非兰特贬值近20%。[1]新冠肺炎疫情蔓延期间，几乎所有非洲国家都面临货币贬值的挑战。据世行统计，疫情暴发至2020年11月，撒

---

[1] African Development Bank, *African Economic Outlook 2018*, January 2018, p.188.

哈拉以南非洲地区本币兑美元平均贬值幅度为5%。①其中,南非、安哥拉、尼日利亚等资源富集型国家以及毛里求斯和塞舌尔等旅游经济发展国家的本币兑美元汇率波动幅度较大。例如,2020年4月2日,兰特贬值1.7%,至18.77兰特/美元,比2019年同期贬值近40%,创下历史新低;3月2日至4月7日期间,安哥拉本币宽扎兑美元汇率贬值幅度达11%;尼日利亚奈拉汇率全年贬值总计11.8%。2021年初开始至今,包括埃塞俄比亚、莫桑比克、赞比亚在内的一半的非洲国家都出现了本币贬值。②非洲本币贬值使得中国企业在原材料进口、生产运营、收益回流等方面受到较大影响,将直接体现为加大了财务报表中的汇兑损失。随着非洲本币的进一步贬值,将进一步侵蚀项目经营利润,一些入园企业持续运营艰难。2020年8月发布的《中国企业投资非洲报告》指出,据多家在非洲的中国企业反映,工程型和投资型企业70%以上亏损是由于东道国货币贬值所致。

第四,非洲进入新一轮债务危机,违约风险趋升。全球发展融资格局发生变化、大宗商品价格下跌的大背景下,非洲进入新一轮债务危机。非洲开发银行数据显示,非洲外债总额已经从2016年的6939亿美元增长到2018年的8567亿美元,外债占GDP的比值从2016年的31.8%提高到2018年的36.8%,与此同时,

---

① World Bank, *Global Economic Prospects*, January 2021, p.102.
② World Bank, *Global Economic Prospects*, June 2021, p.97.

还本付息额占出口收入的比值从24.4%微降到23.8%。①2000年暴发的新冠肺炎疫情助推各国财政赤字和债务负担。非洲开发银行发布《2021年非洲经济展望》测算,2020年非洲财政赤字已经翻了一番,其占GDP比率达到了8.4%的历史高位。预计中短期债务/GDP比率平均值将在2019年60%的基础上升10—15个百分点,达到70%以上的水平。从国别层面来看,截至2020年12月,在已进行债务可持续性分析的38个国家中,有6个国家[刚果(金)、莫桑比克、圣多美和普林西比、索马里、苏丹、津巴布韦]已经处于超额负债状态,14个国家面临较高的超额负债风险,16国风险为中等,仅有2国被认定为低风险。其中刚果(金)、莫桑比克、苏丹、赞比亚、津巴布韦、埃塞俄比亚、尼日利亚、加纳等国均有大量产能合作项目与中国对接,并将在2020—2025年间进行大量还款,债务可持续性的风险很高,给中非合作带来新的挑战。尤其是埃塞俄比亚因低公共储蓄率和高公共投资影响,债务水平增加,亚吉铁路的还贷风险令人担忧。更为严重的是,新冠肺炎疫情下的非洲债务还被政治议题化,破坏了非洲的融资环境,增大了债务违约的风险。

第五,安全和恐怖袭击的风险。非洲国家奉行多党民主,"逢选易乱"已成常态。一些非洲国家政局看似稳定,但党派之争、部族矛盾、宗教冲突、利益

---

① African Development Bank,*AFDB Statistics Pocketbook* 2019,pp. 1-2.

纠纷都是和平与安全的潜在威胁因素。据统计，2016—2021年，利比亚、南苏丹、中非、刚果（金）、马里、尼日利亚、索马里、埃塞俄比亚、几内亚等多国发生过不同程度的武装冲突，破坏当地的营商环境。另外，非洲大陆也深受恐怖袭击的困扰，萨赫勒地带、非洲之角、莫桑比克北部是恐怖主义盘踞的主阵地，博科圣地、索马里青年党、伊斯兰马格里布等恐怖组织活动猖獗。2020年以来新冠肺炎疫情的强制性防疫措施叠加各国大选、经济民生困难使得非洲地区的社会安全形势更加动荡，非传统安全日益凸显，反恐难度加大。在南非，刑事犯罪、游行示威、反对外来移民等恶性事件频发。2021年7月上中旬，南非夸祖鲁—纳塔尔省、豪登省发生近27年来最严重的暴乱，南非政府派遣军队平乱并控制了局势。截至7月16日，已有212人死于暴乱，2550人被捕，多家华人商铺和工厂受到冲击。在西部非洲，博科圣地活动猖獗。2021年7月底，博科圣地在尼日尔、喀麦隆都对某一军事据点进行袭击，造成数十人的伤亡。7月24日晚，尼日利亚中部高原州一村庄遭到不明身份武装分子的袭击，造成至少35人死亡，另有多人受伤；8月14日，5辆搭载数十名宗教信徒的汽车在乔斯附近一条公路上遭武装分子袭击，造成22人死亡、14人受伤。在马里，8月8日，一伙不明身份的武装人员袭击了邻近马里和尼日尔边境的4个村庄，造成51名平民死亡、多人受伤，其中12人伤势严重。

　　政局动荡、武装冲突、恐怖活动、社会治安恶化严重威胁在非中资企业与人员的财产与生命安全。据中国有关部门统计,截至2021年12月上旬,非洲地区共发生31起涉及中国同胞绑架事件,共有75人被绑架,6人死亡,1人重伤。与2020年相比,绑架事件和被绑架人数分别增加40.9%和44.2%,中国同胞被绑架人数占外国人在非被绑架人数的比例也从9.2%上升到13.3%。中国同胞被绑架人员以民企员工为主,绑架目的主要是劫财和索要赎金。就地区国别而言,中西非地区是绑架事件的高发区,其中陆上28起,尼日利亚一国就占了19起,海上3起则全部在几内亚湾。① 非洲西部地区恐袭事件和社会治安风险的频发,严重影响外资的进入,在非大型基建项目也受到相关威胁,制约着中非产能合作的进程。

第六,各种"隐形壁垒"限制产能合作项目的落实。(1)资源民族主义成为非常敏感的风险。虽然非洲国家与中国有着广泛的共同利益,但也应看到中非间在政治制度、发展理念和发展诉求方面存在差异性,而且随着中国经济的崛起和有效应对新冠肺炎疫情,中非之间发展的差距在拉大,利益分歧增多。尤其在全球化遭遇逆流,新冠肺炎疫情蔓延背景下,非洲自然资源保护主义抬头。2020年3月,国际风险咨询公司Verisk Maplecroft发布一份报告显示,2020年34个国家的自然资源民族主义情绪显著加剧,各国政府越

---

① 中安华盾公众号:《2021年华盾沙龙年会专家发言摘编之八:中非合作机遇与挑战并存》,https://mp.weixin.qq.com/s/7ljybmfH7XWV1OmjUTp3iA,2022年2月18日,登录日期:2022年3月3日。

来越倾向干预项目交易，其中，坦桑尼亚（第2）、赞比亚（第4）、津巴布韦（第5）、刚果（金）（第9）使用直接征收、罚没或者加税等政策工具干预、收紧外商投资规定的趋势尤为明显，加大了外商投资的不确定性。例如，坦桑尼亚政府通过没收这种采矿税务政策来弥补预算赤字，导致包括中国在内的一些投资者心生恐慌，被迫调整合作规划。刚果（金）刚刚上任的总理萨马·卢卡德虽然之前供职于国家矿业总公司杰卡明，有可能会软化金沙萨自然资源民族主义的态度，但在矿业领域动作频频。2021年8月，刚果（金）政府对华刚矿业和洛阳钼业两家中资矿企发起审查，引发国际市场广泛关注。虽然刚果（金）政府发起的新一轮审查并非专门针对中企，核心目的是通过重新谈判为本国争取更多利益，但长期来看，中国在刚果（金）矿业开采的前景堪忧。（2）气候变化中的减排义务向中非产能合作项目提出更多的环保要求。非洲是世界上温室气体排放量最少的大陆，但是却承受着气候变化带来的严重后果。为此，在气候变化与治理方面，非洲是能源转型的倡导者之一。非洲国家在敦促发达国家履约的同时，也强烈要求中国履行相应的减排义务，同时加大对非洲的补偿。具体反映到中非产能合作的项目中，为避免重蹈因输入"落后产能"带来大量排放温室气体的传统工业化道路，非洲国家不仅在项目合同中增加环保义务等社会性条款，而且积极倡导能源转型，推出"非洲可再生能源倡议"（2015年），发展清洁能源项目，走低碳合作发展之路。为此，中国在非洲已经签约的火电站项目被迫搁置，2019年肯尼亚国家环境法庭中止了中国投资的15千瓦的拉穆煤炭发电计划后，2020年埃及政府宣布无限期推迟2018年由中国的上海电气和东方电气，以及埃及的Hassan Allam Construction牵头承建的承包额为44亿美元的汉拉维恩（Hamrawein）火电项目。可见，中国在非洲的火电站建设项目遭遇严峻挑战。

2. 中国对非产能合作中存在难以持续、失衡、不对称、扎堆的四大问题

（1）以中国国家贷款为支撑的基础设施承包建设模式难以持续。[①] 2013年以来，中国建筑公司在中国进出口银行和国家开发银行的贷款支持下，在非洲承揽了许多大型的基础设施建设项目，推动了非洲工业化与城市化发展，但并没有给东道国带来直接的财政收入，创造的就业岗位也都随着工程的完工而消失。更重要的是，国际工程承包市场已经出现EPC规模萎缩势头，一些非洲国家政府在债务高企的压力下，已经开始发生停建或缓建与中国签署的基建项目工程，拖欠工程承包商营收账款，引发中国政策性银行大量坏账的案例。所以，面对新形势，中国建筑企业必须改变传统的以"EPC + F"为主的国际工程承包采购模

[①] 姚桂梅：《中非合作与"一带一路"建设战略对接》，《国际经济合作》2019年第3期。

式，开拓创新，探索国际化、市场化合作道路。

（2）中非投融资合作中存在投资行业间、投资主体间失衡的问题。中国企业走进非洲离不开两家政策性银行、中非发展基金及中非产能合作基金的支持，但是上述金融机构的贷款大多用于基础设施和能源业，而用于制造业的贷款相对较少。例如，2000—2014年，中国对非贷款的28%用于交通运输业、20%的贷款用于能源业、10%的贷款用于采矿业、8%的贷款用于通信业，[1] 而投放给制造业的贷款比例较低。而制造业在所有行业中产生的营收最高，2015年达到36.3%，[2] 是最能提高非洲造血能力的行业。为此，必须加大对制造业，特别是劳动密集型制造业的投融资力度。从投融资主体来看，中国对非投资民企数量占绝对优势，但由于他们大多数在境外投资设立的实体经营年限短，缺少可抵押的资产，很难达到中国金融机构的信贷门槛。而中国政策性银行历来与大型央企和国企来往密切，具有较好的信用记录，自然就容易获得大规模融资。为解决民营企业融资难问题，可尝试采取"内保外贷"的方式，同时拓宽融资渠道，考虑建立民营企业对非投资专项基金，加以引导和支持。

---

[1] 刘青海：《中国投资有助于促进非洲可持续发展》，《人民日报》2018年5月28日。

[2] McKinsey Global Institute, *Dance of the lions and dragons: how are Africa and China engaging, and how will the partnership evolve?* 2017. To see http://www.mckinsey.com/~/media/McKinsey/Global%20Themes/Middle%20East%20and%20Africa/The%20closest%20look%20yet%20at%20Chinese%20economic%20engagement%20in%20Africa/Dance-of-the-lions-and-dragons.ashx.

（3）中非投融资合作存在资金与项目、资金需求与存量不对称问题。首先表现在资金与项目的不对称。由于非洲国家投资环境欠佳，面临政局动荡、恐怖袭击、外汇贬值、债务违约以及国际竞争加剧等风险，再加上2014年下半年以来大宗商品价格下跌使得中国在非部分投资项目停产或搁浅，中国政府又加大了对境外投资用汇项目审批和监管力度，使得一些原本有意到非洲投资的企业更加谨慎，停在观望状态，进而导致中非发展基金、中非产能合作基金的配套资金落实情况并不理想。其次，在非企业间也存在资金需求与资金存量的不对称。一方面，在非运营的中资企业面临融资不足的问题，很难获得非洲东道国金融机构的贷款，要么就是成本利息太高；而中国商业银行对非洲的渗透率太低，又不接受"外保外贷"，使得中资企业在境外投资又难以获得中资银行的贷款。另一方面，部分工程承包企业在非经过多年经营积累了大量的资金，又不懂在当地投资兴业；而非洲东道国往往对外汇管制严格，资金难以汇回国内，且存量资金大量为当地货币，贬值风险很高。为此，亟须在境内外设立专门机构，着力打通在非企业间的资金循环通道，让存量资金与需求资金快速对接，在解决境外企业融资难的同时，也实现了资金的周转。

（4）中企扎堆投资非洲矿业资源项目，造成产能过剩，并在一定程度上加重非洲国家对资源的依赖。进入21世纪以来，中非产能合作逐渐进入快车道，取得丰硕的成果。但由于非洲国家众多，市场容量普遍狭小，外销渠道固化；叠加中国企业聚焦一些资源富国，扎堆投资与重复建设，有的企业重视资源开发胜于下游产业建设，造成一些非洲国家产能过剩的现象。以几内亚矿产开发为例，随着前几年中国对海外铝土矿需求持续扩大以及亚洲国家相继颁布出口禁令，中资十多家企业到几内亚投资开发铝矾土，导致该国铝矾土开采量迅速增长。2018年产量达到5500万吨，占全球产量15%，位居世界第三。几内亚铝矾土对华出口由2014年的326万吨增至2018年的3825万吨，增加10.7倍。2017年几内亚超过澳大利亚成为中国第一大铝土矿进口来源国。2018年中国铝土矿资源缺口7000多万吨，而中短期内中国国内市场需求不会增长太快。而中国企业与几政府达成的协议产能已达1.84亿吨，占几内亚全部协议产能的50%以上。2018年以来，中国在几内亚的项目大多处于建设初期，后续产能将集中在2022年后释放。此外，还有十多家外国企业在几内亚开发铝土矿。所以，综合研判，几内亚矿产产能过剩只是时间问题，而且几内亚政府已向中国政府提出希望协助解决市场销路的诉求。如果处理不当，可能影响中几合作大局。

此外，中国在非产能合作企业还存在一些地方政府对中国加快构建双循环相互促进的新发展格局的战略领会不透彻，行政命令省属企业从非洲国家撤离或将业务重点转向国内的问题，严重影响在非企业的持续发展。与此同时，中国企业在非洲的产能合作还存在轻视尽职调查、投资带有盲目性、企业间同业竞争缺乏协作、海外经营管理不善、人才储备缺乏、跨文化沟通能力弱等短板和不足，导致中国企业合规性风险提升等问题。

3. 国际环境错综复杂，大国间的竞争多于相互间的合作

当前，大国对非政策较为分化，但都聚焦中非合作。不仅因为中国已经成为非洲谋求自主可持续发展的重要推动者和贡献者，而且正在成为国际对非合作的引领者，面临着挤压式的激烈竞争。竞争压力不仅来自欧美发达国家，而且也来自部分发展中国家。例如，土耳其承包商在北非竞争力较强，土耳其政府与阿尔及利亚政府间签订外汇相关优惠政策，便利了土耳其企业转移外汇，同时土阿两国因享有相似的历史、宗教、文化，便于两国沟通，阿政府业主更倾向于与土耳其企业合作。我们的邻国印度也加强对非合作，加大对非优惠贷款和援助力度，支持非洲建设大量会议中心等标志性建筑。另外，近年来欧美发达国家强势回归非洲市场，通过加大对非援助、扩大投资、减免债务，支持本国企业利用技术优势、资金优势、价格优势等加快开拓非洲市场。2018年下半年以来，美国调整对非事务政策，不仅出台对非新战略和新倡议，而且配套出台新法案、新的金融工具加以支撑。美国专门注资600亿美元，设立美国国际发展融资公司（IDFC），欲与中国"重资本、长周期"类型的非洲项

目展开竞争。以埃塞俄比亚为例，2020年美国拟通过IDFC在埃塞俄比亚投资50亿美元，以支持埃塞俄比亚私营部门改革，主要投资领域为电信、地热能、物流和制糖业等。2021年5月，由美国国际开发金融公司（IDFC）支持的由英国运营商沃达丰联合旗下南非运营商沃达康及肯尼亚运营商Safaricom组成的财团成功竞标埃塞俄比亚新电信牌照，击败了由中国丝路基金支持的南非运营商MTN。日本仿效中国，连续举办东京非洲发展国家会议，积极参与非洲国家发展规划，介入基础设施建设和产能合作，宣称要在非洲建设"高质量基础设施"，暗中与中国角力。尤为重要的是，以英美为代表的欧美国家也在帮助非洲国家制定战略，从战略的高度和商业规则等方面，打压中国在非洲的发展。2020年，英国前首相托尼·布莱尔领导的一个团队开始指导刚果（金）制定经济发展战略，美时任国务卿蓬佩奥曾经指派专家团队协助刚政府梳理矿业合作协议。2021年9月初，布莱尔发起成立的非政府组织——采掘业透明度倡议（EITI）发布报告，对华刚矿业合作协议提出：利益分配不均、投入基建的资金远低于计划、生产工艺落后导致收益受损等多方面指责，并建议刚政府应废除现有合作协议，并就公司股比、资源储量、生产流程和基建合作等条款重新谈判。由于EITI在国际社会具有较大影响，所以报告一经发布就引发广泛争议。基于以往重新谈判的结果，中国2家企业必定要损失一部分收益。

综上，世界大国在非洲各领域加紧与中国的竞争，示好非洲，也使部分非洲国家出现错综复杂的心态，对于中国合作的项目要价更大更高，中国标准、中国技术走进非洲更加困难，中非产能合作项目的运行存在更多不确定性。

五 疫情后中非产能合作的前景及对策建议

（一）中非产能合作的前景

当前，非洲正加快工业化、城市化和一体化的绿色发展进程，虽然资金、人才、基础设施三大瓶颈依旧严峻，新冠肺炎疫情、俄乌冲突又在非洲的沉疴痼疾上添加新伤，但从长远来看，非洲中产阶级人数持续增加，市场需求和消费能力具有现实和潜在生机；疫情并没有改变中非经济长期互补的基本面和中非共融发展的大趋势。2020年6月习近平主席在中非团结抗疫特别峰会上指出，"面对新的机遇与挑战，中非比以往任何时候都更加需要加强合作"。非洲在中国外交上的地位日益上升，中非合作的战略价值、示范意义与日俱增，中非经贸合作前景无量。

1. 非洲经济社会发展需求强劲。一是非洲国家发展意愿和内生动力增强。2020年6月，埃塞俄比亚政府公布《埃塞俄比亚2030：走向繁荣十年展望发展规划（2021—2030）》，提出确保高质量增长、提高生产力和竞争力、推动体制改革、确保私营部门在经济中的领导地位、确保妇女和儿童的公平参与、建设适应气候变化的绿色经济六大战略支柱；提出2021—2030年实现年均10.2%的经济增长率；2022年人均收入实现1115美元，到2030年实现人均收入2220美元的目标。尼日利亚正在制定新的国家中长期发展规划以及2050议程。其中，中期发展规划（2021—2025）是"尼日利亚制造"驱动的改革期，目标是将尼日利亚建成一个工业化和推行改革的国家，主要聚焦国家的能力建设；长期规划是，到2030年，将尼日利亚建成由包容性增长和共同繁荣驱动的富有竞争力的尼日利亚。2020年4月，遭受新冠肺炎疫情严重冲击的南非，临时推出总额为5000亿兰特的大规模经济扶持和社会救助计划，以帮扶贫困、支持企业发展、推动分阶段复产复工等为目标，努力挽救南非经济。

二是非洲国家正在抓住全球价值链结构调整的机遇，加大经济结构转型，努力改善投资环境，有望增强发展韧性。新冠肺炎疫情暴露了非洲经济过于依赖外部世界驱动增长模式的弊端，提升了建立自身产业链和供应链的重要性和迫切性。南非、尼日利亚等高度依赖资源能源出口的国家都在采取措施加快经济转型，启动再工业化和可再生能源的转型计划，以此增强抵御外部经济冲击的韧性。非洲国家也在持续推进数字经济，打造疫情下传统行业遇阻后经济发展的新亮点。2020年5月非洲联盟出台《非洲数字化转型战略2020—2030》，地区国家纷纷出台相关配套政策。

不仅数字经济被纳入非洲大陆自由贸易区第二阶段的谈判内容，移动支付、数字化技术应用、电商等新经济业态日益得到各国政府的支持，也给金融科技、数字农业、电子商务、在线教育、远程医疗、通信基建等领域带来新的合作机会。2022年初，非洲大陆自贸区秘书处推出泛非支付结算系统，结束了非洲国家间跨境支付对第三方货币的依赖，惠及非洲贸易和经济增长。此外，世界银行发布的《2020年营商环境报告》指出，毛里求斯和卢旺达分别排在第13位和第38位，2019年撒哈拉以南非洲国家营商环境改革措施达到73项，占全球改革措施的1/3，展现了非洲国家改善投资环境，加快经济发展的决心。

三是非洲的"三化"进程加快。近10年来，非洲国家呈现以一体化、工业化和城市化为引领的发展趋势。域内市场的融合度提高，大型城市、产业集群和经济走廊初见雏形。在基础设施建设、工业体系发展、城市综合开发以及金融、保险、通信、物流等行业孕育出巨大的投资和消费需求。

四是为应对新冠肺炎疫情冲击，非洲国家将卫生健康领域的发展顺序前置。埃塞俄比亚、加纳、肯尼亚、南非等国明确把医药行业列入国家中长期发展规划，予以重点支持。政策红利叠加防疫所需，未来医药市场扩容前景可期。

2. 非洲市场潜力巨大。一是非洲消费能力持续提高。2000年以来，非洲经济已经连续十多年保持较高增长。2000年非洲GDP总值约1万亿美元，到2019

年已达到 2.4 万亿美元,翻了一番多。非洲年均消费1500—7500 美元的人数约有 3 亿,到 2020 年中产阶级消费规模有望达 1 万亿美元。随着人口规模和可支配收入的增长,非洲消费潜力将进一步释放。据悉,到 2030 年非洲的消费者和企业支出预计将从 2015 年的 4 万亿美元上升到 6.6 万亿美元。①

二是非洲大陆自贸区建设取得重大进展。2021 年 1 月,非洲大陆自贸区落地运行,成为 WTO 成立后参与国家最多的自贸区。据 UNCTAD 测算,非洲大陆自贸区成立后将带动非洲经济增速 1—3 个百分点,就业提升 1.2 个百分点,至 2025 年制造业产值可达 1 万亿美元。2030 年消费市场规模将扩大为 6.7 万亿美元。

三是非洲大陆自贸区协议的实施有望在长期内促进外国直接投资,并为非洲经济特区打开一个机会窗口。联合国贸发会《2021 世界投资报告》指出,随着非洲自由贸易区协议的实施,域外投资者将非洲经济特区视为进入整个大陆市场的切入点,从而将 FDI 扩大到最具竞争力的地区。域外国家对非洲经济特区的投资将增加 30%,非洲域内成员对经济特区的投资将增加 15%。非洲经济特区最有希望吸引 FDI 的行业是农业和粮食、轻工业、纺织业和电子业。越来越多的经济特区也在寻求吸引汽车和建筑行业的投资。在这方面,《非洲自由贸易区协定》的实施为经济特区提

---

① Charles R. Stich, *US-Africa Relations: An Opportunity Lost or Found-Analysis-Eurasia*, November 18, 2021.

供了一个机会之窗，使其摆脱过去一贯驱动非洲投资和贸易流动的初级商品，如采矿和碳氢化合物，而是吸引和利用对高附加值产业的投资。①

3. 中非产能合作契合度高。一是非洲发展条件得天独厚。非洲自然资源丰富，铜、铁、铀等多种矿产资源储量及品位居世界首位，迫切需要引进资金和技术，将资源优势转化为发展的优势。非洲现有13亿人口，至2050年人口将达到25亿。其中，10—24岁的青少年就占到33%，人口红利有待充分发挥释放。非洲工业化进程加速，城市化方兴未艾。

二是中国不仅拥有雄厚的资金，而且拥有适合非洲现实需要的产业技术，以及包括发展劳动密集型制造业和经济特区的建设经验。随着中国以国内大循环为主、国内国际双循环相互促进的新发展格局的深入推进，在顺周期下形成的巨大产能和建设能力迫切需要"走出去"，中非可在传统合作领域深耕厚植，又可在中高端技术制造、医疗医药、数字经济、海洋经济、沙漠化防治等产业实现梯度对接，培育新的投资合作增长点。

4. 中非合作论坛引领中非经贸合作永续发展的前行方向。经过20年的发展，论坛已经成为中国和非洲友好国家集体对话的活跃平台、务实合作的有效机制。中方在历届论坛会议上都推出一系列务实举措，有政策、有资金、有项目，对中非经贸合作发挥了重要的

---

① UNCTAD, *World Investment Report 2021*, p. 45.

引领作用。这也是论坛务实高效的独特优势，和区别于其他对非合作机制的地方。2018年9月中非合作论坛北京峰会成功召开，出台了"八大行动"举措和600亿美元的资金支持。"八大行动"以帮助非洲国家培育内生增长能力为重点，包含了旨在促进中非经贸合作的务实举措。2020年尽管受新冠肺炎疫情不可抗力的影响，少数举措的落实遇到一些客观困难，但中方加快工作节奏，及时将工作重心向健康卫生、复工复产、改善民生领域倾斜，中国与非洲国家加强协调配合，全力推动八大行动各项举措保质按期完成。

2021年11月，中非合作论坛第八届部长级会议在塞内加尔首都达喀尔举行，围绕"深化中非伙伴合作、促进可持续发展、构建新时代中非命运共同体"主题，致力深化中非全面战略合作伙伴关系，引起世界高度关注。此次会议是新冠肺炎疫情以来中国在境外举办的规模最大、范围最广的对非合作外交盛会。习近平主席在主旨演讲中用"真诚友好、平等相待、互利共赢、共同发展、主持公道、捍卫正义、顺应时势、开放包容"32个字精辟概括了中非合作友好精神，就构建新时代中非命运共同体提出了"坚持团结抗疫、深化务实合作、推进绿色发展、维护公平正义"四点主张，宣布对非合作"九项工程"、再向非洲提供10亿剂疫苗、转借特别提款权等重大举措，为中非合作注入新的强劲动力。本次部长级会议成果丰硕，会议通过《达喀尔宣言》《达喀尔行动计划（2022—2024年）》《中非合作2035年愿景》与《中非应对气候变化合作宣言》4份文件，丰富了新时代中非合作的内涵，体现了新时代中非合作的新特点新趋势。

首先，对接发展战略。新举措结合中国2035年远景目标和构建"双循环"新发展格局。对非洲主要对接非盟的《2063年议程》有关规划，明确中非合作的发展路径和具体措施。其次，聚焦合作机遇。新举措聚焦新冠肺炎疫情形势下非洲经济社会发展及中非合作的新机遇，既在劳动力密集型制造业、产业园区建设、农产品种植加工、建筑业等传统领域深耕厚植，又以支持非洲恢复发展为主线，聚焦卫生抗疫、民生减贫和贸易投资等领域，拓展中非在数字经济、绿色低碳、职业教育、海洋经济、沙漠化防治等新业态领域，培育新的合作亮点，促进非洲发展振兴和自主可持续发展，实现中非经贸合作高质量发展。再次，汇聚多方力量。新举措鼓励和支持更多的部门、地方、企业、金融机构、行会等多元主体跻身中非合作，不断壮大中国对非洲合作的有生力量。合作主体的多元也将使对非融资渠道多样化、市场化，民营企业将在非洲大地发挥生力军作用，中非合作将更具生机与活力。最后，规划指引。中非双方不仅出台宣言和为期三年的行动计划，还创新推出《中非合作2035年愿景》这个中非合作的中长期规划，奠定双方未来15年合作的主体框架，进一步增强论坛新举措的前瞻性、系统性和延续性。总之，上述新举措将指引中非经贸合作从量的积累进入转型升级阶段和提质增效的新发展阶段，中方将与非方继续巩固传统领域合作，不断发掘中非经贸合作新的契合点和增长点，推动中非经贸合作高质量发展。

（二）推动中非产能合作高质量发展的对策建议

新冠肺炎疫情虽然对中非经贸合作造成一定程度的冲击，中国在非企业处境艰难，盘活存量资产和筑牢合作底盘成为当务之急。但长期来看，后疫情时代全球发展离不开中国的供应链，非洲未来经济结构转型也离不开中国经济的韧性带动和中国企业的参与。尤为重要的是，非洲各方的抗疫举措孕育着非洲与国际伙伴合作发展的新机遇。为此，中国应坚定持久战的战略思维，强化关键期的战略定力和把控能力，乘势调整合作思路，抓住战略布局的窗口期，在深耕厚植传统优势合作领域的同时，加快培育新的合作亮点，推动中非合作永续发展。

1. 中国对非策略应与时俱进，进一步向民生工程倾斜

目前，中国已经取得抗疫斗争的阶段性胜利，而非洲疫情加速蔓延令人担忧。新形势下，中非双方的差距在拉大，发展诉求的差异性越发凸显，新的中非关系需要磨合与调适。在此情况下，中国应坚定不移地支持非洲大陆的发展议程。中国政府和相关部门在重视高层交往和经贸投资的同时，要将拯救生命和提高非洲民众的生存环境列为头等大事来抓，加大对非

洲民生工程的投入力度，使之升级为今后合作的重头戏。尤其要重视粮食、医疗卫生、传染病防治、教育、妇女儿童帮扶、救灾减贫等直接关系到民生、民间、贫民的投入，让非洲民众看得见、摸得着、感觉得到来自中国的获得感。中国助力非洲民生工程的改善，无疑会提升非洲友华的民意基础，也将更好地为中非经贸后续合作保驾护航。

2. 抓住非洲大陆自贸区启动的机遇，促进中非自贸合作

首先，贸易是中非自贸合作的核心内容。扩大对外贸易是非洲自贸合作的核心诉求。由于非洲大陆自贸区的建立不会对中国出口产生明显的负面影响，因此在中非自贸合作中要更关注增加非洲对中国的出口，提高非洲出口收入，增强其经济内生动力。在非洲工业生产能力短期内无法实现本质性提升的现实状况下，要考虑加大对非洲的非资源类产品进口，此举措既可以满足中国消费升级的需要、丰富产品来源，又可以缓解非洲当前面临的经济压力，回应资源掠夺论。当前，中国扩大非洲非资源类产品进口还存在着一些障碍，比如非洲本土供应能力有限，中国市场准入监管严格、进口关税偏高、中非双向物流通道不畅等问题。为此，建议中国对一些非洲具有明显竞争优势的，长期由第三国转口进入中国市场的，以及中国急需的非资源类产品扩大市场准入规模。根据非洲不同国家的具体情况制定相应的检验检疫措施，加强中非双方检验检疫方面的交流与合作。非洲不同国家的不同产品在进口方面存在的风险不同，对于高风险类产品，中国应在第一入境口岸完成检疫工作，避免风险扩散；对于低风险类产品，在风险有效控制的前提下可直接进入中国内陆地区。中非双方还可就检验检疫方面的法律法规、技术规范、合格评定程序等进行充分交流与合作，减少非洲产品进入中国的障碍。建议中国在现有税率的基础上，进一步降低部分非洲非资源类产品进口税率；对于为享受东盟出口到中国的零关税政策，而从东盟转口进入中国的非洲非资源类产品，实行中国与东盟之间相同的零关税，鼓励其直接出口中国，减少中间环节，让非洲商人和中国消费者共同受益。

3. 以助力非洲工业化为导向，提高非洲"造血"功能

（1）投资行业上，加大对制造业投入比重。制造业是非洲最需要的产业，制造业对于提振出口、降低逆差、吸引外资、降低负债、增加就业和税收具有显著的效应。但由于非洲产业投资的基础设施条件太差，2000年以来，中国首先对非洲基础设施进行了大手笔的投资建设，在为非洲产业发展奠定良好基础的同时，也面临着较高的债务违约风险。而加大对非洲制造业的投入既不会助推非洲债务负担，还能提高非洲国家偿债能力。为此，目前，中非合作来到了实施加大制造业投入，承接既有基础设施经济效能带来的战略机

遇期。因为只有通过产业要素的流动来增加基础设施的运量，才能更好地发挥基础设施的使用效率和经济效益。另外，部分非洲国家的制造业水平已有显著提升，具备了更好的制造业基础和承接能力。

（2）投资项目上，将投资活动放到中非经贸合作区进行，不仅要扩建和新建，而且要加大援外资金对经贸合作区的扶持力度，使其切实发挥协同非洲工业化的使命。境外园区已经成为中非产能合作的重要载体，承担着助力非洲工业化进程的使命。尤其在当前非洲国家的投资环境和营商环境仍然较差的背景下，要想鼓励更多的中国企业扎根非洲，就需要增设更多的产业园区作为招商引资的平台。尤其要引导那些实力不强的民营企业进入合作区投资运营，以隔离和规避当地各种风险因素，少交"学费"。而非洲目前的制造业产业链不完善，集中在园区发展制造业可促进产业链的完善和配套产业的完善，有利于制造业集聚发展。值得指出的是，一些境外园区的建设与运营也面临资金不足等方面的挑战。由于非洲境外园区的基础设施投入大、土地增值空间小等原因，往往出现政府和产业项目投资人盈利，而园区开发商微利甚至亏损的情况，需要给予生存性缺口资助。基于境外园区对中非双方明显的准公益性，建议给予境外园区开发商必要的资金支持，支持园区建设运营可持续发展。

（3）守望相助，鼓励包括推动疫苗本地化生产的医药制造投资，打造"非洲药房"。新冠肺炎疫情发生之前，非洲医药市场就面临重大的历史机遇，表现在以下两点：一是非洲整体消费能力迅速提升，医药市场供需矛盾加剧；二是医疗卫生事业受到更多重视，出现产业本土化和监管标准一体化等新动向，医药商业环境日趋成熟。新冠肺炎疫情发生后，非洲国家公共卫生体系薄弱的短板暴露无遗，日后各国政府必将空前重视，将会在医疗卫生、传染病防治等事关民生、贫民的方面加大投入。为此，中国政府和医药企业应抓住"危中之机"拓展非洲医药市场。一是努力探索与非洲国家深化公共卫生合作、公共管理合作的机制。二是积极向非洲国家传授中国防治疫情的经验，与WHO合作培训医护人员；三是大力推广南非华人社区服用汤剂预防新冠病毒的措施，提升非洲民众对中华医药的认同，为进一步拓展中医药市场做前期铺垫。四是引导中国企业加大对非洲医药制造，特别是帮助非洲尽快生产本地新冠疫苗和获取新冠疫苗的投资力度。具体对策：中国政府应积极鼓励中国医药龙头企业到非洲设立医药工业园区或大型医药生产基地，整合医药产品研发、生产、包装等上下游企业，积极拓展非洲市场；关注南非、埃及、肯尼亚、尼日利亚等主流医药市场国家，鼓励有实力的医药企业在非开展并购；发挥各类涉非基金的投资引领作用，联合国内医药企业及相关机构在非洲投资设立医药工业园区，整合上下游企业，抱团出海，加大非洲市场开拓力度。

（4）跻身非洲大陆自贸区建设，以投资促贸易，加入非洲域内循环建设。新冠肺炎疫情给非洲国家经济社会发展带来诸多负面影响，但也成为非洲国家重塑经济社会结构的契机。非洲国家已经在反思过度依赖域外世界而带来的经济社会弊端。据悉，未来非洲国家将通过非洲自贸区建设来降低贸易成本以支持区域贸易和价值链，进而缓解疫情的影响。为此，中国企业应抓住非洲大陆自贸区即将起航的难得机遇，在南非、尼日利亚、埃塞俄比亚、肯尼亚等国协同打造非洲大陆工业中心，提升非洲内部贸易和域外贸易的多样性，提高抗御外部经济冲击的能力。

4. 以协同农业现代化为导向，提升非洲可持续发展能力

（1）必须加大对非农业合作的投入，协同非洲解决粮食安全和农业发展问题，使中国对非投资的相关产业平衡发展。近年来，天灾人祸的叠加导致非洲频现粮食危机，非盟发展农业政策也遭遇挑战，急需国际社会驰援。而2015年中国对非农业直接投资仅占对非直接投资存量的8%，位于采矿业、建筑业、金融业、制造业以及商务服务业之后。中国对非农业投资存量低的现实与众多非洲国家急需资金发展农业及解决粮食安全的迫切需求极不对称，为此中国政府必须采取措施来逐渐改变中非农业合作中资金供给与需求严重错位问题。只有照顾非洲关切，帮助非洲国家民众解决最基本的吃饭问题，才能取信于民，才能真正树立起负责任大国的形象。

（2）将援助与投资有机结合、相互支撑，夯实农业合作的基础。目前中非农业合作仍以援助项目为主，

未来投资为主乃大势所趋。由于农业项目投入资金大、周期长、风险高的特点，中国的农业投资仍不能孤立进行。首先，中国政府应继续发挥援助资金为投资项目开疆拓土、保驾护航的作用。这样既可以保障项目执行的稳定性，同时项目盈利拥有还贷能力时，也能保障经营的可持续性。中国政府的援非资金首先应重点支持正在或将要在非洲从事玉米、水稻、小麦、棉花等种植业投资的农企；其次，应引导和支持中国的食品和加工龙头企业，以埃塞俄比亚、肯尼亚、乌干达、坦桑尼亚、津巴布韦、赞比亚、塞内加尔等国家为重点，通过在非建厂或直接进口咖啡、可可、坚果、水果等优质农产品，开展非洲农产品深加工或品牌化运作，并以此为契机，扩大农产品对华出口；再次，应推动中国农机、化肥走进非洲，鼓励和支持众多的中国农机、化肥企业通过联盟抱团的方式在非洲建厂或营销网络，扩大中国农机、化肥在非洲的影响力；最后，加强中非在重大跨境农业有害生物（蝗虫、猪瘟等）预警、监测和绿色防控技术人才的培养与经验交流，提升协同创新能力。总之，在投资开发非洲农业时，一定要将援助项目与农业投资项目密切结合，力保农业合作的长远发展。

（3）加大资源整合力度，完善对非农业投资的政策扶持体系。中国政府应加大财政支持力度，支持农企既能走进非洲，也能扎根非洲。尝试将中国国内惠农政策向走进非洲的农企延伸，使其与国内农业享受同等的相关优惠政策，包括农机购置补贴、良种补贴、综合直补、种粮大户补贴、农资综合补贴等。在金融政策方面，建议放宽农业开发项目的优惠贷款条件，开辟"内保外贷""内借外用"的贷款通道。税收政策方面，在严格审核的基础上，可以考虑允许企业对外投资合作的项目前期准备费用和成本直接抵扣，对海外汇回收益给予一定期限内的税收减免；借鉴美日等国经验，对到境外投资的中国企业采取延期纳税制度，对企业未汇回的国外投资所得暂不征税；扩大税收饶让范围，对于非洲国家为吸引中国企业投资而给予的减免税优惠，视为企业已经缴纳税款，允许从企业的应纳税额中抵扣。保险方面，鉴于农业合作项目的长周期、高风险，为保证项目的平稳进行，创新险种，消除对非农业合作企业的后顾之忧。

5. 深入非洲经济的数字神经中枢，培育产业合作新亮点

数字经济是非洲经济最具活力和潜力的领域之一。近年来，非洲数字经济已经成为非洲经济增长的新亮点，为非洲经济发展提供"弯道超车"的新机遇。美欧等国际资本已经悄然布局，对非洲实体经济和社会生活的渗透和影响力持续加强。2020年新冠肺炎疫情全球大流行，非洲数字经济加速发展。许多行业开始发展线上经济和数字经济，从实体销售转向网络销售，加之非洲大市场和地区市场的整合与发展，为本土制造业发展、城市基础设施升级提供了重要机遇。为此，中国政府和企业应顺势而为，通过加强中非数字产业合作，深入非洲经济的数字神经中枢，共同打造中华文明和非洲文明交融发展的"中非命运共同体"。其一，加强中国数字经济企业和人才与尼日利亚、加纳、肯尼亚、乌干达、卢旺达、埃塞俄比亚、埃及、摩洛哥、南非等非洲数字经济重点国家企业与人才的双向交流。其二，面向优秀的非洲在华留学生开展数字经济培训；对于优秀的学员，回国后推荐去中国背景的数字经济企业工作。其三，在非洲数字经济主要国家设立数字经济合作与创新中心，主要承担数字人才培训、数字经济项目孵化、中非数字经济企业交流、中方赴非考察调研支持服务、产业动态信息收集分析等职能。其四，重点参与金融科技、客流物流、信息流、交易平台、人才平台等核心产业的建设，鼓励企业以绿地投资、收买并购、合资合作等多种方式进行参与。其五，认真落实中非合作论坛第八届部长级会议《中非合作论坛—达喀尔行动计划（2022—2024）》有关数字经济的重要举措，加强政府间的交流与交流，研讨中非数字经济合作的政策，建立数字经济合作常态工作机制，促进数字经济和实体经济的融合发展。

6. 基于中国发展经验，推动非洲经济绿色转型

中国作为最大的发展中国家，克服自身在经济、社会等方面的困难，坚定走绿色低碳可持续发展道路的自觉性与主动性日益增强。中国政府已宣布力争在2030年前实现碳达峰、2060年前实现碳中和。非洲国家对气候变化问题高度重视，不少国家出台了雄心勃

勃的碳达峰或减排目标。非盟《2063年议程》明确指出，非洲国家要积极应对气候变化，加强技术研发与转移、能力建设和资金支持，实现地区可持续发展和共同繁荣。在应对气候变化问题方面，中国在推动一系列自然资源治理转型和新能源开发方面积累了大量的宝贵经验，可为非洲资源管理与经济发展提供借鉴。

中非双方应继续在清洁能源、环境保护、森林可持续发展等领域开展合作，采用投资+援建的模式，加大对风能、太阳能、水力和沼气等应对气候变化的成套项目的投资力度，同时向非洲国家提供成套项目的核心技术和人力资源培训，为促进非洲当地绿色产业转型贡献力量。

7. 进一步深化金融合作，为中非经贸合作提供重要的融资支持

（1）以提高投资比重为优先方向推动对非投融资模式创新。金融支持是中非加强经贸合作的重要保障。尽管中非发展基金、中非产能合作基金和非洲中小企业发展专项贷款等机构在引领中国企业赴非进行产能合作中有所建树。但伴随非洲陷入新一轮债务危机，这些金融机构首先要反思以往的以基础设施作为发展合作重点领域的投融资模式，未来应当探索使用夹层融资等多样化的投资工具，加大对非投资力度，与对非信贷融资形成有机配合。在基础设施领域，继续推动中国企业创新合作模式，引导企业采用BOT（建设—经营—转让方式）、BOO（建设—拥有—经营方

式)、PPP（政府与社会资本合作）等多种模式，推动中非基础设施合作向投资建设运营一体化方向转型，促进基础设施项目可持续发展。

（2）全方位调动中国金融机构助力中企扎根非洲的能力。一方面积极推动和支持金融机构在非洲增设分支机构，完善在非洲的布局，开发更多创新型投资、保险产品，强化金融支持。另一方面，发挥好亚投行、MCDF（多边开发融资合作中心）等中国主导的多边金融机构和合作机制作用，带动中国企业和金融机构不断提高国际化运作水平。同时加强开放共享，加大与美欧企业及金融机构的沟通交流，结合中国在非洲比较优势，择机推动三方合作，深化利益互融。

（3）更有力地推动人民币形式的对非直接投资，同时配以人民币形式的对非融资。推动人民币形式的对非直接投资，将人民币资金输出到非洲，既有利于突破非洲国家外汇短缺的瓶颈，又有利于人民币资金流入当地后在当地形成人民币市场，有利于中非经贸往来，还可以解决在非投资企业利润汇回难的问题，形成中国与非洲国家的人民币资金循环。为此，今后中国对非援助应优先使用人民币资金；中国人民银行应继续加强与非洲国家中央银行之间的沟通和合作，为人民币在中非之间使用创造良好的政策环境；人民币跨境清算组织、商业银行和其他在非经营金融机构都要把相关的人民币业务作为对非业务重点进行推进，以此提高人民币国际化程度和影响力。

8. 完善对非投资风险管理，建立相应的投资保护机制

非洲地区本来就存在诸多的投资风险，中美贸易摩擦以来，新冠肺炎疫情下非洲的政治和法律风险更是趋高，中国企业面临的国际环境发生了重大变化。全球产业链重构的同时，产业链竞争的规则也在重构。许多在非洲的中资企业都面临着合规挑战。为迎接挑战，中国企业应抓住全球竞争规则重构的机会，改变落后的状态，加快合规管理体系建设，践行社会、环境和治理（ESG）标准，提高生态环保意识、开展绿色低碳合作、积极履行社会责任，维护好中国及中国企业海外形象。中国企业应该继续向世界500强的全球型公司学习，与它们合作，同它们竞争，从而发展为硬实力和软实力均强大的世界一流企业。与此同时，中国企业应做好政策解读，强化企业自保能力建设。一方面应进一步强化对政策变动、地区安全、新冠肺炎疫情和媒体报道等不确定因素的风险防控，研判极端事件发生的可能性并事先制定应急预案，保障企业财产和员工生命安全；另一方面可借鉴俄罗斯安保公司积极拓展在非安保业务的经验，培育中国安保企业走进非洲，并始终将服务对象锁定在中国企业身上，为中国企业和员工保驾护航。

另外，为应对非洲投资的特有风险，政府有关方面应尽快优化对非投资的考核机制，适当提高单笔对非投资的风险容忍度；要建立风险防范和吸收机制，

更注重发挥政策性信用保险机构的作用；与有关国际机构和非洲当地机构加强务实合作，实现利益共享和风险共担；与有意愿的非洲国家建立双边投资保护机制或避免双重征税协定，或建设有公信力和有约束力的经贸争端解决机制，切实保护双方利益，减少对非投资合作障碍，调动中资企业长期扎根非洲、实现与非洲共同发展的积极性。

9. 持续拓展国际对非多方合作，规避一国独大的风险

伴随着中非经贸合作的纵深发展，触发了美西方和新兴大国对中非合作的特别关注，促使其针对中国在非活动实施反制与对冲措施，中非产能合作面临的国际竞争日益激烈。尤其是俄乌战争爆发以来，俄罗斯因俄乌战争而元气受损，加之美西方的制裁将使其在非洲的影响式微，中国将面临更严峻的竞争环境。欧盟虽将其"全球门户"（Global Gateway）计划与美国主导的"重建更美好的世界"（B3W）倡议相互促动，对标中国的"一带一路"倡议，导致中国与非洲合作的压力与挑战增加。但俄乌战争也使欧洲经济复苏和统一进程放缓，欧洲脱离美国控制的主观愿望更加迫切，而且欧盟的"全球门户"计划与中国的"一带一路"倡议也存在互补的空间。再者，尽管美西方国家在广义的对非产业合作领域仍占据主导，新兴大国在特定领域开展追赶式竞争，但中国在涵盖工业制造以及基础设施的狭义产业领域独具优势。从这一现状出发，化解国际竞争压力的关键乃巩固和扩大与非洲在工业化、基础设施建设以及减贫惠民等领域的共同利益。

总之，未来中国应抓住构建世界新秩序的战略机遇期，以务实的视角经略大国与非洲关系、大国在非关系、大国战略关系，继续引领国际对非合作的大方向，拓展以"中欧非"等"中非＋第三方"合作为主线、符合非洲需求、愿望和发展议程的新基建、油气资源、工业化、粮食安全、医药卫生、气候变化和教育领域的三边合作或多边合作项目，持续营造开放性、多维度兼容各方利益的对非合作方式，使非洲成为国际多边合作的大舞台，以此抵消美西方在非洲对中国诋毁及战略挤压空间，为中非合作提供持续不断的增长动力和创新源泉。

参考文献

第一届中国—非洲经贸博览会组委会秘书处主编：《中非经贸合作案例方案集》，湖南人民出版社2019年版。

干方彬：《非洲自贸区启动背景下的中非油气合作前景探析》，《中国石油企业》2021年第3期。

张宏明主编：《非洲发展报告》No.18（2015—2016），社会科学文献出版社2016年版。

张宏明主编：《非洲发展报告》No.22（2019—2020），社会科学文献出版社2020年版。

李小松：《中国石油在非洲实现互利共赢》，《中国石油报》2018年9月4日。

吴涧生等：《国际产能合作的思路、重点及对策研究》，经济科学出版社2017年版。

姚桂梅：《中非合作与"一带一路"建设战略对接》，《国际经济合作》2019年第3期。

姚桂梅：《中非直接投资合作》，中国社会科学出版社2018年版。

袁立：《国际工程市场环境和市场细分》，《施工企业管理》2021 年第 1 期。

袁立、李其谚、王进杰：《助力非洲工业化——中非合作工业园探索》，中国商务出版社 2019 年版。

张春、赵娅萍：《赚利润 vs 攒经验？中非境外经贸合作区的理论反思》，载云南大学非洲研究中心网站，2021 年 5 月 2 日。

中非民间商会：《中国企业投资非洲报告——市场力量与民营角色》（PDF），2021 年 9 月。

中国商务部、国家统计局、国家外汇管理局：《2020 年度中国对外直接投资统计公报》，中国商务出版社 2021 年版。

中国商务部、中国对外承包工程商会：《中国对外承包工程发展报告（2019—2020）》，2020 年 11 月。

African Development Bank, "The Africa Infrastructure Development Index 2020", July 2020.

African Development Bank, *AfDB Statistics Pocketbook 2019*.

African Development Bank, *African Economic Outlook 2016*, May, 2016.

African Development Bank, *African Economic Outlook 2018*, January 2018.

ITU, *Digital trends in Africa 2021*, March 2021.

Jonathan Munemo, *Do Chinese Infrastructure Loans Promote Entrepreneurship in African Countries*? Working Paper No. 2021/46. China Africa Research Initiative, School of Advanced International Studies, Johns Hopkins University, Washington, DC.

McKinsey & Company, *Dance of the Lions and Dragons: How are Africa and China Engaging, and How Will the Partnership Evolves?* June 2017.

Richard Schiere and Alex Rugamba, *Chinese Infrastructure Investments and African Integration*, African Development Bank Working Paper Series No. 127 – May 2011.

UNCTAD, *World Investment Report 2021*, United Nations Geneva, 2021.

World Bank, *Global Economic Prospects*, January 2021.

姚桂梅，中国社会科学院中国非洲研究院（西亚非洲研究所）经济研究室研究员、南非研究中心主任；中国社会科学院大学（研究生院）硕士生导师；美国伊利诺伊大学非洲研究中心访问学者；中国社会科学院创新工程项目《中国对非洲投资战略研究》《中国与非洲产能合作重点国家研究》和《西亚非洲国家经济社会转型发展研究》首席研究员。主要研究方向为发展经济学，从事非洲经济、地区经济一体化、中国与非洲经贸关系等问题研究三十五载，主持和参加过十多项国家和部委委托的课题，并向中央和有关部门报送数十篇研究报告。其中，《中非直接投资合作》获得中国社会科学院"2018年度优秀国家智库报告"；2012—2018年间，获得中国社会科学院优秀对策信息二等奖（2篇）、三等奖（3篇）；2021年获得陕西省第十五届哲学社会科学优秀成果调研报告类一等奖。